中国科普创作大奖得主松鹰倾情奉献

科学巨人的故事

KEXUE JUREN DE GUSHI GEBAINI

哥白尼

松 鹰 著

山西出版传媒集团 · 希望出版社

人的天职在于勇于探索真理。

——哥白尼

青春应该是:一头醒智的狮,一团智慧的火!醒智的狮,为理性的美而狂吼;智慧的火,为理想的美而燃烧。

——哥白尼

在许多问题上我的说法跟前人大不相同,但是我的知识得归功于他们,也得归功于那些最先为这门学说开辟道路的人。

——哥白尼

哥白尼学说撼动人类意识之深，自古以来无一种创见、无一种发明可与伦比。当地球是球形被哥伦布证实以后不久，地球为宇宙主宰的尊号亦被剥夺了。自古以来没有那种意识被这样翻天覆地地颠倒过。因为如果地球不是宇宙的中心，那么无数古人相信的事物将成为一场空了。谁还相信伊甸的乐园、赞美诗的歌颂、宗教的故事呢？

——德国大诗人歌　德

我们今天以愉快和感激的心情来纪念这样一个人，他对于西方摆脱教权统治和学术统治枷锁的精神解放所作出的贡献几乎比谁都大。

——爱因斯坦

哥白尼用《天体运行论》向自然事物方面的教会权威挑战，从此自然科学便从神学中解放出来了。

——恩格斯

KEXUE JUREN DE GUSHI

GeBAINI

KEXUE JUREN DE GUSHI

GeBAINI

哥白尼是伟大的天文学家、近代天文学创始人、“日心说”的创立者。他的巨著《天体运行论》，推翻了雄霸西方一千多年的托勒密“地心说”，沉重地打击了欧洲封建神权统治，推动了人类宇宙观的根本变革，从而揭开了近代自然科学革命的序幕。哥白尼的一生叱咤风云，多姿多彩。他身兼多个角色：虔诚的神甫、教产管理人、行政总管、济世名医、军事指挥官、战斗英雄、翻译家、外交使节、天文学家、经济学家等等。而使他名垂千古的还是天文学家。

前言

■ KEXUE JUREN DE GUSHI

影响世界历史的人

刘兴诗

希望出版社隆重推出的《科学巨人的故事》，是松鹰撰写的十位科学家的传记。

哥白尼、伽利略、达尔文、牛顿、富兰克林、爱因斯坦、法拉第、卢瑟福、玻尔、费米……这些名字，每一个都是一部传奇，每一个都是科学史上的一座丰碑。他们不愧是影响世界历史进程的人。

这套《科学巨人的故事》出自同一位作者之手，风格统一，装帧精美，内容深入浅出，引人入胜。实属科学家传记文学中不可多得的精品。

郁达夫曾评价美国著名作家房龙说："房龙的笔，有一种魔力，但这也不是他的特创，这不过是将文学家的手法，拿来用以讲述科学而已。"

读松鹰这套《科学巨人的故事》，感觉作者的笔具有同样一种魔力。作者毕业于哈尔滨军事工程学院，是国家一级作家，既谙熟科学，又有深厚的文学素养，写科学巨人的生平故事，娓娓道来，妙趣横生，令人不忍释卷，读罢又耐人寻味。

科学家留给我们的遗产是什么?

不消说，是有用的科学知识。

人类的开化，历史的进步，正是一代代科学家，用精湛的科学知识"砖块"，垒砌而成的"摩天大厦"。

科学家留给我们最宝贵的财富是什么?

那就不仅仅是具体的科学知识，还有科学家自身的人格魅力。道理非常简单，一个个具体的知识“砖块”，只不过是作为建筑材料的“砖块”而已，并没有直接延伸的幅度。可是科学家作为建筑者，那就完全不同了，还有很多很多延伸扩展的领域。

让我们这样说吧。科学家贡献出的知识，那就是一块砖。不管多么伟大的科学家，生命总是有限的。不管是哥白尼、伽利略、牛顿，还是爱因斯坦，一生几十年也只能垒砌几块砖、几十块砖，最多一大堆砖而已。可是他们留下的生命经历和科学精神，却永远传诵在人间，写成传记故事世代流传，这才能鼓舞后来者继续奋进，构筑更加宏伟的科学宫殿。从这个意义来说，科学家传记文学不亚于科学本身，道理就非常清楚了。

松鹰这套《科学巨人的故事》就是这样的。它着眼的是阐述科学家孜孜不倦的探索精神，为社会服务、造福民众的思想境界，淡泊名利的高尚情操，以及坚持真理、不迷信权威的信念等等。

科学的道路并不平坦，需要踏踏实实一步一个脚印地攀登。从这个角度讲，我们学习科学家就不仅仅是一些具体的科学知识，更重要的是他们孜孜不倦的研究精神，不求名利的淡泊人生态度。牛顿是这样，法拉第、富兰克林、卢瑟福、玻尔、费米，以及许许多多科学家的人生轨迹，都留下了远比知识本身更加宝贵的精神财富。

松鹰这套《科学巨人的故事》就是这样的作品，我愿意在此向青少年读者们郑重推荐。

2012年3月18日于成都理工大学

目录

KEXUE JUREN DE GUSHI

MULU

■ KEXUE JUREN DE GUSHI

大名鼎鼎的诗人卡里马赫来做客，利兹巴克城堡像举行盛会一般隆重。客人们都以一睹大诗人的风采为荣。

一个少年恭恭敬敬地站在瓦兹洛德背后，目不转睛地看着卡里马赫。卡里马赫朝他挤挤眼问道："这位是主教的外甥吧？"

"是的，我叫尼古拉，对先生景仰已久！"哥白尼使足劲答道。

"呵呵，不用这么隆重嘛。"卡里马赫笑起来。

卡里马赫五十岁出头，少年才十五六岁，两人却谈得很投机，完全成了忘年交。卡里马赫问少年："小尼古拉，你喜欢什么格言？"

"我喜欢'太阳每天都是新的'！"少年脱口而出。

"瓦兹洛德主教，你这位外甥是个可造之才啊！"

见卡里马赫称赞外甥，瓦兹洛德脸上露出欣喜之色。

"小尼古拉，你将来的志向是什么？"卡里马赫问。

"我喜欢天文学。"少年兴奋地说。

"你知道吗？卡里马赫先生就是一位天文学家。"舅舅告诉他。

"你想当天文学家，这个志向不简单。"卡里马赫语重心长地对少年说，"亲爱的孩子，你要记住，天文学家有两样法宝：一个是数学，一个是观察……"

"谢谢大师的教诲！"

这个少年就是尼古拉·哥白尼。他牢牢记住了大师的话，日后写出了不朽巨著《天体运行论》，掀起了一场伟大的科学革命。

自然科学从此开始从神学中解放出来……

KEXUE JUREN DE GUSHI

波兰之子

☆ 时代骄子

shidaijiaozi

波兰有三个家喻户晓的世界名人。第一位是天文学家哥白尼，第二位是钢琴家肖邦，第三位是两次荣获诺贝尔奖的居里夫人。

哥白尼生于 1473 年，死于 1543 年，是欧洲中世纪末的一位科学家，也是文艺复兴时期的第一个科学巨人。哥白尼出生那一年，意大利的奇才达·芬奇 21 岁，后来发现美洲大陆的哥伦布 22 岁，中国大航海家郑和已去世 38 年。而在两年后，雕塑大师米开朗琪罗诞生。又过了 10 年，德国的马丁·路德呱呱落地——他后来掀起了一场横扫欧洲的宗教改革运动。

我们先了解一下哥白尼生活的时代。

中世纪是欧洲最黑暗的时期。自西罗马帝国灭亡(公元 476 年)起，在漫长的一千余年里，整个欧洲处于封建割据中，国家被分成四分五裂的小城邦，统治者不断进行战争，相互抢掠吞并，科技和生产力发展停滞，人们长期处在蒙昧状态和对宗教的迷信中。教会严格控制着人们的精神领域，不允许有异端信仰，并且宣扬上帝的旨意，要求人们做教会的“羔羊”。教会还控制科学思想的传播，并设立宗教裁判所惩罚异端。学校教育也是为了服务于神学，“知识”不过是用来证明“上帝存在”和《圣经》上的话是永恒的真理。

到中世纪末期，欧洲的封建制度逐渐解体。一批商业城邦如佛罗伦萨、威尼斯、米兰等在意大利繁荣起来。城邦的繁荣，带动了商品经济的发展。富裕的商人、金融家、匠师和大作坊主成为新兴市民阶层。他们需要取得与自身经济地位相适应的社会地位，需要将本阶级的价值观、思想文化提升为社会主流。

达·芬奇的《蒙娜丽莎》

作为刚刚登上历史舞台的新生力量，为了抗衡愚昧而专制的天主教会，必须寻求一种强大的思想武器来武装自己，因此，他们将目光投向了古希腊、古罗马时期。他们相信，那是欧洲人引以为荣的光辉时代，希腊、罗马盛极一时的古典自然科学、哲学、文学、艺术，是可以用作同天主教会作斗争的有效武器。于是，新兴市民阶层积极倡导“复活”古希腊、古罗马文化，掀起了一场轰轰烈烈的从文化到社会各领域的变革活动，“文艺复兴”即由此得名。

文艺复兴运动最早起源于意大利的佛罗伦萨。意大利出现了前所未有的文化艺术繁荣。这一时期的主要代表人物，被誉为“文学三杰”，他们是但丁（1265–1321）、彼特拉克（1304–1374）和薄伽丘（1313–1375），其代表作分别为《神曲》、《抒情诗集》和《十日谈》，在世界文学史上占有突出的地位。这一时期还有被尊为“欧洲绘画之父”的乔托（1267–1337），他的艺术风格影响了其后一百年的意大利画风。

15 世纪末至 16 世纪上半期是文艺复兴的兴盛期，文化中心城市从佛罗伦萨转移到了罗马，主要代表人物有“艺术三杰”：达·芬奇（1452–1519）、米开朗琪罗（1475–1564）和拉斐尔（1483–1520）。他们的传世之作《蒙娜丽莎》、《最后晚餐》、《大卫》、《创世纪》、《雅典学派》和《西斯廷圣母》，堪称世界艺术画廊珍品。其中达·芬奇更是一位有史以来最为多才多艺的天才，他集画家、建筑师、解剖学家、物理学家、数学家、发明家、工程师和空气动力学家于一身。在达·芬奇留下的大量手稿中，有许多超越当时的科学发明构想，包括飞行器、齿轮传动系统、坦克车等。

米开朗琪罗的《创世纪》

文艺复兴时期的艺术歌颂了人体的美，主张人体比例是世界上最和谐的比例(达·芬奇的人体图《维鲁维斯人》)，并把它应用到建筑上。即便是以宗教故事为主题的绘画和雕塑，表现的也是普通人的场景，将神拉到了地上。这场文艺复兴运动的核心，是弘扬人文主义精神。它主张个性解放，反对中世纪的禁欲主义和宗教观；提倡科学文化，反对蒙昧主义，摆脱教会对人们思想的束缚；肯定人权，反对神权，挑战作为神学和经院哲学基础的一切权威和传统教条。

哥白尼生活的年代，正值文艺复兴运动的鼎盛时期。这是一个新旧交替的大动荡时代。只需看看与哥白尼同时代所发生的一些标志性事件，就可知道当时社会发生着怎样的剧变。

——1446年，荷兰有了第一个活字印刷厂。1454年，德国人谷登堡(1400-1468)发明现代印刷术，使印刷品的价格大大降低，促进了知识的普及。

——1492年，哥伦布发现美洲大陆。

拉斐尔的《雅典学派》

谷登堡

马丁·路德

哥伦布

——1497年，达·伽马绕道好望角到达印度。

——1519年—1522年，麦哲伦和他的团队完成环球航行，为“地圆说”提供了有力的证据。

——1517年，马丁·路德烧毁教皇的诏书，掀起了宗教改革。

文艺复兴的风暴，造就出一大批人类历史上的杰出人物。他们是时代的骄子，闪耀在人类历史的天空，如群星璀璨。正如上面所列举的，意大利的但丁、彼特拉克、薄伽丘、达·芬奇、米开朗琪罗、拉斐尔的作品流芳千古；英国的莎士比亚(1564–1616)、西班牙的塞万提斯(1547–1616)，将世界文学推向一个更高的巅峰；哥伦布、达·伽马和麦哲伦共同完成的地理大发现，为人类打开了一个新的窗口；马丁·路德发动的宗教改革，沉重地打击了天主教会和封建势力，动摇了罗马教廷至高无上的统治。在文艺复兴、宗教改革和地理大发现三大背景的推动下，自然科学也以意想不到的速度突飞猛进地发展起来，涌现出像哥白尼、布鲁诺、伽利略、开普勒这样伟大的科学家。

用恩格斯的话说：“这是一次人类前所未

有的最伟大的、进步的变革，是一个需要巨人和产生巨人的时代，需要和产生在思维能力、热情和性格方面，在多才多艺和学识渊博方面的巨人的时代。”

哥白尼就是这样的巨人之一。他所创立的“日心说”，导致了天文学领域的一场革命，揭开了近代自然科学革命的序幕。他的伟大巨著《天体运行论》被誉为是“向神学发出的挑战书”，是震撼宇宙的自然科学的“独立宣言”。

富商之家

fushangzhijia

哥白尼的出生地——位于维斯瓦河畔的托伦城

在中欧东北部有一个美丽的国家——波兰，它北濒波罗的海，西面和西南面与德国、捷克、斯洛伐克相邻，东面毗临俄罗斯、立陶宛、白俄罗斯、乌克兰等国，是连接东西欧的重要枢纽，具有重要的战略地位。

波兰是一个历史悠久、人文传统深厚的国家，同时又是一个屡遭外族入侵、多灾多难的国家。生活在这片土地上的人民，世世代代养成了勤劳勇敢、坚

忍不拔的性格。

1473年2月19日，伟大的天文学家尼古拉·哥白尼出生在波兰托伦城一个富裕的商人家里。

托伦城位于维斯瓦河下游，是波兰最为古老、最具魅力的城市之一，距波兰首府华沙190千米。维斯瓦河是波兰第一大河流，发源于波兰南部，从古都克拉克夫缓缓向北，流经华沙，再流过托伦城，最后折入北方波罗的海的格但斯克湾。

托伦在中世纪就是有名的重镇，1232年由条顿骑士团所建立。当时条顿骑士团在此修筑城堡，作为军事要塞。城堡成为骑士团征服普鲁士的历史象征，这就是托伦城的雏形。现在城中还保留着许多14世纪、15世纪时期的古建筑，显示了这座小城在波兰历史上的特殊地位。后来托伦成为繁荣的商业中心，有大量的粮食、蜂蜜和裘皮等货物从托伦起运，沿维斯瓦河运到格但斯克港出口，再从海外运回布匹、渔产、海盐等物产。托伦城与欧洲许多国家保持着密切的贸易往来。在哥白尼时代，托伦商人的足迹已经遍布整个欧洲。发达的航运给托伦带来丰厚的经济效益，当地的居民大都比较富裕。

哥白尼的父亲，名字也叫尼古拉·哥白尼(当时的习俗，父子可以同名)，从小跟随哥白尼的祖父在首都克拉科夫经商，精明能干，不仅善于经营，而且热心公益事业，曾被选为托伦议会的议员，是一位受人尊敬的绅士。

哥白尼祖辈的原籍，在西里西亚地区尼斯河畔的哥白尼村。西里西亚在波兰的西南部，尼斯河是一条很小的河。那里是山区，蕴藏着丰富的铜矿。据说哥白尼的祖辈就与开采铜矿或做铜的生意有关。在1367年左右，哥白尼家族的先辈从山里迁出，移居到相距不远的克拉科夫居住，后来又迁到托伦。哥白尼的父亲做的就是大宗铜的生意，利润丰厚。克拉科夫是当时波兰的首都，商业繁荣，手工业兴盛，市民生活富裕，吸引了各地的人来这里定居。在克拉科夫的地方志中，记载了好几位姓哥白尼的人，其中有军械师、商人和公共澡堂老板。有史学家发现，在 1422 年—1429 年的史料中，多次提到哥白尼的爷爷杨·哥白尼，说他是一位有名望的商人。

哥白尼的母亲巴尔巴拉·瓦兹洛德是托伦城的名门闺秀。

巴尔巴拉的父亲，也就是哥白尼的外公——乌卡什·瓦兹洛德，在托伦城是一位了不起的人物。他是位贵族，富有正义感，当过托伦市的市议长。他曾担任普鲁士反条顿骑士团联盟的司库，参与组织起义，英勇参战，光荣负过伤。为了支援反对条顿骑士团的战争，他还慷慨地把价值 269 个弗罗林金币的全部财富借给托伦城使用。他的英雄行为，赢得了人们的尊敬和爱戴。哥白尼的母亲巴尔巴拉的祖籍，也在西里西亚地区。那里的希维德尼察县有个瓦兹洛德村，是瓦兹洛德家族的发祥地。大约在 14 世纪末，哥白尼的外祖父辈迁移到托伦。

哥白尼的家境富裕，家庭和睦，充满了亲情。哥白尼有兄妹四个，两个姐姐巴尔巴拉、卡塔日娜，一个哥哥安杰伊，哥白尼是家里最小的孩子。父亲请了最

位于托伦城的哥白尼故居

好的家庭教师，对小哥白尼进行启蒙教育。他们家住在托伦城圣安娜街一幢赭红色楼房里，离码头很近。哥白尼就是在这座楼房里出生的，楼房共有三层，每层有三个窗户。打开窗户，可以看见美丽的维斯瓦河上往来如梭的商船。

托伦是座漂亮的小城。古色古香的赭红色砖楼、浅绿顶尖塔、细条石街道，还有街边摆摊的小贩，整个城镇弥漫着一种宁静的气氛。

哥白尼的童年留下了许多快乐的回忆。

小时候，哥白尼很喜欢到维斯瓦河边玩耍。他和安杰伊在浅水湾里游泳，或者用细柳条筐捞小鱼虾。哥白尼人虽小，游泳技术却不比哥哥差，他和安杰伊光着屁股在浪花里翻腾，活像两条敏捷的鳕鱼。他们还喜欢在岸边跳水，跳的是经典的炸弹式。两人闭上两眼，双腿笔直地往下一跳，咚的一声入水，溅起几尺高的水花。他俩比赛，看谁溅起的水花更高，而每次都是哥白尼获胜。

码头上有很多来自各地的商船。两个顽童的表演，常常引来船员们的喝彩，因此哥白尼和船员们也交上了朋友。这些走南闯北的汉子，给他讲了许多外面世界的轶事趣闻。小哥白尼也爱缠着他们问长问短，诸如维斯瓦河一直通到什么地方？波罗的海有多大？船上的罗盘是干什么用的？为什么天上的星星可以导航？

船员们都很喜欢这个爱发问的孩子，耐心地给予解答。没过多久，哥白尼就成了见多识广的“小江湖”。

父亲有空的时候，也常带哥白尼两兄弟出游，让他们增长见识。有一次，父亲带他们去参观托伦古城堡。站在巍峨的城堡下，父亲问他俩：“你们知道这座城堡是干什么用的吗？”

“不知道。”哥白尼摇头。

“是用来放风筝的。”安杰伊回答。

“不对。这是两百年前条顿骑士团修筑的，专门用来对付我们普鲁士老百

托伦古城堡

姓的。看见城墙上箭楼的那些窗口了吗？那是用来射箭的。"父亲说。

父亲告诉他们，条顿骑士团是最凶恶的侵略者，背后有罗马教皇撑腰。他们专门欺压沿海和普鲁士地区的人民，烧杀抢掠，无恶不作。波兰国王领导人民，同条顿骑士团打了 13 年的仗，终于把条顿骑士团赶了出去。

"你们的外公乌卡什·瓦兹洛德，曾经参加过驱逐条顿骑士团的战斗，是个了不起的英雄。"父亲说。

父亲还讲了许多乌卡什·瓦兹洛德的动人事迹。可惜在哥白尼出生前 11 年，乌卡什·瓦兹洛德老先生就去世了。哥白尼没有见过外公，但外公的爱国精神，却在他幼小的心灵里埋下了种子。

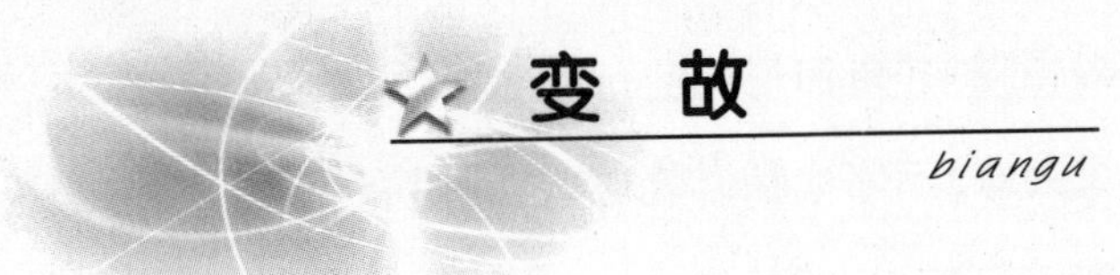

变故

biangu

每年夏天，父母都带着全家到乡间别墅去消夏。那里有座美丽的葡萄园，

父亲经常邀请一些文化名人来此聚会。他们渊博的学识和风趣的谈吐，给年幼的哥白尼留下了深刻的印象。

哥白尼 7 岁时进入托伦学校接受小学教育，哥哥安杰伊和他同校。这个学校的创办人和首任校长，恰好是他们的舅舅瓦兹洛德。哥白尼进入托伦学校时，瓦兹洛德舅舅已离校到教会担任神职。新校长名叫康拉德·格赛伦，是哥白尼家的邻居。瓦兹洛德舅舅特地拜托他关照两个外甥。

格赛伦校长是一位学识渊博的天文学者，托伦市图书馆的一些天文学论著手抄本就是他捐献的。格赛伦校长常给哥白尼两兄弟讲天文学的故事，这在少年哥白尼的心中，无形中播下了天文科学的种子。

有一天傍晚，哥白尼和安杰伊在格赛伦校长家里玩。格赛伦端出一碟蜜蜂姜饼招待小客人。这种饼是托伦的特产，香酥可口。两个小家伙吃得很开心。从窗口向外望去，太阳已经落山，天边一片橙红色晚霞，几颗稀疏的星星升起。

哥白尼抹抹嘴问道：

“校长先生，天上最亮的是什么星啊？”

“最亮的星呀？当然是太阳了。”

“太阳也算星星呀？”哥白尼咬了一口姜饼，真甜。

“孩子们，记住，太阳是一个伟大的星球。”格赛伦笑眯眯地说，“希腊神话里有个太阳神阿波罗，是光明、医药和音乐之神，也是人类的保护神，他无所不能……”

哥白尼听得入了神。

“太阳为什么这么亮呢？”哥白尼问。

“因为太阳是个大火球，不停地在燃烧着。古希腊有个老头儿曾经说过：火产生了一切，一切又都复归于火。”

“这老头儿叫什么名字呀？”安杰伊睁大了眼睛。

“他叫赫拉克利特，是一个大哲学家。他还说过：‘如果没有太阳，就算有别的星辰，也还是黑夜’。”格赛伦校长说。

“太阳真是伟大啊！”哥白尼赞叹说。

“这个‘好啦客你特’真了不起啊！”安杰伊附和道。

“呵呵，是‘赫拉克利特’。”校长纠正他。

“还‘好啦，客你特’哩！”哥白尼取笑安杰伊。

安杰伊没有理会，继续问：

“那晚上什么星星最亮呢？”

“晚上最亮的星是金星。它的亮度最大时为4.4等，比天狼星还要亮14倍。你们瞧，天边地平线上那颗闪亮的星，就是金星。”格赛伦校长指着窗外。

哥白尼两兄弟伸长脖子望着天边。

“有时天亮前后在东方地平线上也能看见它，大家叫它‘启明星’，其实就是金星。”格赛伦校长接着说。

“哎呀！像钻石一样漂亮……”哥白尼嚷道。

“是呀！古希腊人把它叫做阿佛洛狄忒，就是爱与美的女神。罗马人则叫它为美神维纳斯……”

望着天边闪耀的星斗，小哥白尼沉浸在遐想中。

天上的景象真奇妙呀！那么多的星星数得清吗？月亮为什么有缺有圆？太阳为什么从东边升起，到西边落下哟？这些问题在他脑海里盘旋着。

还有一天，哥白尼到格赛伦校长家做客。在客厅，他看见茶几上放着一本厚厚的书，顺手打开一看，格赛伦校长在折角的地方写了一条批注：

“圣诞节晚上，火星和土星排成一种特殊的角度，预示着匈牙利的皇上卡尔文有很大的灾难。”

正在这时，格赛伦校长端着点心进来了。

他见哥白尼在看书，高兴地问："孩子，这书你能看懂吗？"

哥白尼毕恭毕敬地回答说："校长先生，我看不懂。火星也好，土星也好，都是天上的星星，它们与卡尔文皇上毫无关系，怎么能预示他的祸福呢？"

"怎么不能呢？"格赛伦校长反问道，"命星决定一切！"

所谓"命星"，是占星学的说法，指天上的星宿可以决定人的命运。这种观念在当时很盛行。占星学在古代就有了，它与天文学有着很深的渊源，而且是伴随着天文学发展起来的。但两者之间又有着本质的区别。天文学探索的是宇宙中天体的运行规律。占星学家也观测天象，但宣扬的却是用星宿的位置和运动来预言人的命运。这纯粹是无稽之谈。现在一些年轻人相信用出生时间可解释人的性格和命运，诸如4月20日—5月20日出生的是金牛座，象征着"稳重肯干的实业家，值得依靠的人"之类，实际上是"占星学"的遗风。

小哥白尼对这些知之不多，但他并不相信"命星"的说法。

小哥白尼反驳说："如果有'命星'的话，那人不是要让星星摆布了？如果真有，人的意志和天上的星星又有什么关系呢？"

对于小哥白尼的反驳，格赛伦校长并没有生气。他明白，信不信天命是关系到天文学命运的重大问题。对于这个问题，格赛伦校长对传统的偏见有过怀疑，但又说不出道理。他深情地对小哥白尼说："孩子，天命决定一切，这是几千年来的一条老规矩，我不过是信笔写来罢了。你提的问题，确实很有意思，我现在没有能力回答你。你如有毅力的话，以后研究吧！"

格赛伦校长的话，给小哥白尼很大的鼓励。

望着星空数星星，成了小哥白尼的爱好。尤其是在夏天，全家到乡间别墅消夏时，小哥白尼最喜欢躺在葡萄架下，和哥哥安杰伊比赛，看谁数的星星多。夏夜的天空特别晴朗，繁星闪烁，银河微白。

父亲笑着逗他俩说："两个小天文学家，谁数清了，爸爸有奖励哦！"

可是天上的星星实在太多啦，数来数去，怎么也数不清。父亲告诉哥白尼，古代的星座图把天上的星星分成很多星座，每个星座又有很多颗星星。比如大熊星座有7颗，猎户星座也有7颗，航海的商船常常根据它们的方位确定航向。其他的星座还有仙女星座、人马星座、金牛星座、双子星座等等……

"哎呀，这么多星座啊！"哥白尼很惊讶。

安杰伊却冒出一句扫兴的话：

"是不是天上落下一颗星，人间就要死一个人啊？"

"这是占星术的说法。"父亲沉下了脸说，"天上坠落的星星是流星，跟人的生死扯不上关系。"看来父亲也不相信"命星"之说。

安杰伊闭口不吭声了。哥白尼总觉得哥哥问的话怪怪的，有点不吉利。不幸的是，他的感觉后来果然应验了。

1483年，小哥白尼10岁时，家里遭遇了一场意外变故，父亲染上瘟疫突然去世。这是一场从天而降的灾难，事情来得非常突然。

这一年托伦城的冬天特别寒冷，漫天大雪，白茫茫的一片。起初，城里人奇怪地发现，树上的小鸟、林中的动物都绝了踪迹。大家正在惊讶之时，消息传来说有人得了一种怪病。得病的人全身出现黑色的疱疹，高烧不退，胡言乱语，三天内就死去。更可怕的是这种病的传染性极强，染病者无药可救，最快的当天就断气。死者浑身发黑，伴有恶臭。当人们意识到这是"黑死病"瘟疫时，托伦城顿时陷入一片恐慌。

尼古拉·哥白尼当时正在克拉科夫料理铜的生意，闻讯后急忙赶回托伦，他不放心家里人的安危。不幸的是，尼古拉在经过染病区时受到了感染，回到家里就躺倒了，腋下长出黑色疱疹，浑身发热。巴尔巴拉含着泪，昼夜守候在丈夫的身旁，但是无药可医。全家人眼睁睁地看着最亲爱的人被死神带走，却毫无办法。天下最痛苦的事莫过于此！

医生看望黑死病患者

父亲弥留时的痛苦模样，小哥白尼记得很清楚。他从心灵深处痛恨夺去父亲性命的瘟神。哥白尼日后苦读学医，恐怕也有这层关系。

黑死病实际上就是鼠疫，这是人类历史上最严重的瘟疫之一。起源于亚洲西南部，相传由蒙古人入侵时传染到欧洲的。还有一说起源于黑海城市卡法，约在 14 世纪 40 年代散布到整个欧洲，由于死者皮下出血形成黑色斑块，所以称为“黑死病”。这场瘟疫在全世界造成了大约 7500 万人死亡。据估计，中世纪欧洲约有三分之一的人死于黑死病，总数达 2500 万人。还有资料显示，黑死病多次侵袭欧洲，直到 1700 年为止，其造成的死亡情形与严重程度各不相同。较晚的几次大流行包括 1629 年—1631 年的意大利瘟疫、1665 年—1666 年的伦敦大瘟疫（牛顿就是在伍尔斯索普村老家躲避这次瘟疫时发现了微积分），还有 1679 年的维也纳大瘟疫、1720 年—1722 年的马赛大瘟疫以及 1771 年的莫斯科瘟疫。

父亲的病逝，使家里失去了顶梁柱。哥白尼全家沉浸在悲痛和惶惑中。

哥白尼小小年纪，因此对天主产生了怀疑。在瘟疫肆虐的日子里，教堂里每天都敲丧钟。只要不祥的钟声一响起，人们就知道又有人死了。教堂里披着黑袍的教士口口声声说，瘟疫是天主降罪人间，是对人类的惩罚。谁得罪了天主，谁就会得瘟疫。可是哥白尼想不通，父亲是个诚实的商人，受到大家的爱戴，并且虔诚地信教，为什么会受到天主的惩罚呢？

“哥，爸爸真的得罪了天主吗？”他困惑地问。

“我也不知道。”安杰伊说。

“我不相信！爸爸那么好的人，怎么会得罪天主呢？”

“天上的事，我们小孩搞不清楚……”

“肯定是天主搞错了！要不然，天主就是个大坏蛋。”

“小弟，你可别这样乱说呀！”

“我才不怕哩！总有一天我会找天主算账的……”

童言无忌，这本来是句愤怒的气话。不料小哥白尼说到做到，日后他长大成为科学巨匠，终于揭开了“天主”的假面目。那是后话了。

上天对哥白尼一家也太不公平了。由于劳累和悲伤过度，没过多久母亲也撒手人寰，永远地离开了他们。

这双重的打击，夺走了哥白尼童年的快乐，改变了他的人生。

一个幸福美满的家庭，就这样破碎了。

失去双亲的哥白尼和安杰伊，暂时由姨妈卡塔日娜照料。姨妈住在海乌姆诺镇，距离托伦城有 50 千米。这里的海乌姆诺学校是全普鲁士最好的中学，由来自荷兰的教育家兹沃勒两兄弟开办。学校重视学生的德育和新思想启蒙教育，教育理念在当时算是很先进的。在哥白尼的舅舅瓦兹洛德的支持下，姨妈送哥白尼兄弟俩进了海乌姆诺学校读书，让他们受到良好的基础教育。

不久，大姐巴尔巴拉进了海乌姆诺一家修道院做修女，后来成为这家修道院的院长。为了减轻家里的负担，二姐嫁给了托伦市的一个议员。

瓦兹洛德舅舅

waciluodejiujiu

哥白尼的舅舅瓦兹洛德当时正在罗马，担任瓦尔米亚神甫会驻罗马的特

哥白尼的舅舅瓦兹洛德

使。他非常关心两个外甥的情况，由于公务在身，无法回波兰看望他们。每逢圣诞节，他都要托人带些礼物送给哥白尼兄弟俩。每当这时，海乌姆诺的姨妈家都洋溢着欢乐的气氛。

“尼古拉，舅舅又给你带礼物来啦！”姨妈高兴地喊哥白尼。

“好漂亮哦！”

舅舅送给他的是一顶银灰色兔皮帽子，戴在头上毛茸茸的。

“安杰伊，这是给你的。”姨妈打开另一个盒子，里面装着一双鹿皮靴子。安杰伊往脚上一比，大小正合适。

“舅舅真好。”他咧嘴笑道。

“姨妈，舅舅什么时候回来呢？”哥白尼问。

“快啦，快啦。”

“你总说‘快啦，快啦’，到底什么时候嘛？”哥白尼眼里含着期待。

“真的快啦。”姨妈回答。

哥白尼小时候见过瓦兹洛德舅舅。在他的记忆里，舅舅长得高大挺拔，说话风趣，是个有学问的人。家里人都很喜欢他。妈妈当着孩子们的面，夸舅舅是克拉科夫大学的高才生，多才多艺，人又能干，将来一定会做大主教。

“姐，你是教皇呀？封我这个弟弟做大主教。”舅舅开玩笑说，引得大伙儿都笑了。

瓦兹洛德舅舅的全名也叫乌卡什·瓦兹洛德，和哥白尼外公的名字一样。他是一位学识渊博、性格刚毅的主教，生于 1447 年，16 岁时就读克拉科夫大

学，毕业后留学意大利博洛尼亚大学，获得教会法学博士学位。他回国后兴办了托伦学校，担任校长。后来转到教会工作，担任弗龙堡大教堂的神甫。随后又出使罗马教廷，担任瓦尔米亚教区神甫会的特使。

瓦兹洛德舅舅不仅是个有学问的主教，还是一个思想开明的人文主义者，他和波兰国内外许多优秀的文艺复兴人物有交往，被公认为瓦尔米亚地区文艺复兴运动的先驱者。据说波兰国王对他很赏识。在波兰避难的意大利革命诗人卡里马赫，是他的好朋友。

哥白尼盼着早点见到舅舅，几乎望眼欲穿。

在第四个圣诞节快到来时，瓦兹洛德舅舅终于回来了。一辆华丽的马车停在姨妈家的门口，瓦兹洛德舅舅走下来，风尘仆仆，满脸的笑容。车后载满了行李。

卡塔日娜姨妈把瓦兹洛德舅舅迎进屋里。

"尼古拉，这就是你们的瓦兹洛德舅舅！"

"瓦兹洛德舅舅！"哥白尼兴奋得满脸通红。

"啊，尼古拉长这么高啦！"舅舅摸着他的头说。14岁的哥白尼长得很结实，像个小运动员。此刻他表情激动，就像接受统帅检阅的士兵一样。

"这是安杰伊，也长高了一头。"姨妈说。

"瓦兹洛德舅舅好。"安杰伊体格要单薄些，小伙子有点腼腆。

"都长这么大了。你们的学习怎么样啊？"

"他们的成绩都不错。尼古拉是全班第一。"姨妈说。

"很好！"舅舅称赞了一句，"他俩都跟着我到利兹巴克去吧，今后的抚养由我来负责。"

瓦兹洛德这次回国，结束了在罗马的使命。由于他才干超群，被任命为波兰最北部的瓦尔米亚地区的主教。当时的政体是政教合一，主教也就是这个地

区的最高行政长官。主教官邸就设在瓦尔米亚的利兹巴克城堡。

“这敢情好。”姨妈很高兴。

“我一定把他们培养成栋梁之才！”

就这样，瓦兹洛德把哥白尼两兄弟接到利兹巴克城堡家里，承担起抚养和教育的重任。舅舅成了对哥白尼一生影响最大的人。

舅舅希望哥白尼兄弟长大后也像自己一样，成为有社会地位的神职人员，当一名主教，于是给他俩安排了最好的教育。哥白尼学习了拉丁文、法学、数学等基础课。舅舅家里有很多有关哲学和自然科学的藏书，使哥白尼大开眼界。

哥白尼对天文学产生了浓厚的兴趣，他晚上经常坐在窗前，望着满天的星斗入神。有一次，哥哥安杰伊不解地问哥白尼：“你整夜守在窗边，望着天空发呆，难道这表示你对天主的孝敬？”

哥白尼回答说：“不。我要一辈子研究天时气象，叫人们望着天空不害怕。我要让星空跟人交朋友，让它给航船校正航线，给水手指引航程。”

格赛伦校长和父亲讲述的天文学知识，给他开启了一扇窗口，他窥见了一个深邃神秘、无人洞悉的宇宙，一个神奇的未知世界。在学校里，他帮着老师制作日晷，积极参加观察星空的课外活动。那时候还没有望远镜，观测活动都是用肉眼，使用的仪器也很简单。不过通过这些活动，哥白尼增长了不少天文学的感性知识，也启发了他的思维。

哥白尼常想，地球也是宇宙中的一颗星星啊！与浩瀚的星空相比，它不过是沧海一粟，人在宇宙中就更渺小了。他想不通，为什么《圣经》要说地球是宇宙的中心呢？而无所不能的上帝，却看不见摸不着……

KEXUE JUREN DE GUSHI

克拉科夫大学

憧憬

chongjing

有一天，大名鼎鼎的诗人卡里马赫来利兹巴克城堡做客。这让少年哥白尼兴奋不已。他早就听说，卡里马赫是一个传奇的英雄，他不仅诗歌充满了激情，而且是一个敢于向教皇挑战的意大利革命家。

卡里马赫是意大利人，因密谋推翻罗马教廷的专制统治，筹建共和国，被教皇通缉追捕，亡命欧洲。由于教皇是屡屡入侵波兰的条顿骑士团的后台，波兰国王卡齐米日四世对教皇不满，所以盛情邀请卡里马赫到波兰避难，并聘请他给几个王子当拉丁文教师。卡里马赫的思想对当时波兰的文化界和知识界产生了重要影响。瓦兹洛德在意大利留学时结识了卡里马赫，和他成了挚友，两人的交往密切。卡里马赫比瓦兹洛德大 10 岁，他把瓦兹洛德看做波兰人文主义运动的杰出才俊，当做朋友和知己。

卡里马赫的到来，让利兹巴克城堡像举行盛会一般隆重。客人们都以一睹他的风采为荣。卡里马赫个子不高，步履矫健，饱经风霜的脸膛上，两眼炯炯有神。他很健谈，口才极好，说话带有鼓动性。瓦兹洛德主教向他一一介绍在座的客人。卡里马赫对每一位都彬彬有礼，谈笑风生。

哥白尼恭恭敬敬地站在瓦兹洛德背后，目不转睛地看着卡里马赫。卡里马赫朝他挤挤眼问道："这位是主教的外甥吧？"

"是的，我叫尼古拉，对先生景仰已久！"哥白尼使足劲答道。

"呵呵，不用这么隆重嘛。"卡里马赫笑起来。

"这孩子很好学，早就盼着得到您的亲自指教啦。"瓦兹洛德说。

晚宴时，卡里马赫即席朗诵了他的诗作，博得众人的一片喝彩。

客人告辞后，卡里马赫留下来，和哥白尼聊起天来。

《神曲》地狱篇插图

“我听你舅舅说，你喜欢诗歌？”

“我喜欢维吉尔的《牧歌》。”

“但丁的《神曲》读过吗？”

“读过。就是地狱篇写得有点可怕。”

“呵呵，那是诗人的想象，警示恶人的。《神曲》写得最精彩的就是地狱篇。在地狱篇的第八卷，诗人诅咒买卖圣职的教皇，骂得肆无忌惮。”卡里马赫神采飞扬地说，“已死的教皇尼古拉三世，还有当时还活在世上、迫害过但丁的教皇普尼腓斯八世，他俩的头朝下倒栽着被埋在地洞中，两条红肿的腿在外面剧烈地扭动着。诗人见后高兴地说道：‘真是罪有应得！因为他们的贪婪使世界陷于悲惨，把好人踩在脚下，把恶人捧上了天。’你说，骂得痛快淋漓吧！哈哈哈……”

“是有点痛快！”哥白尼点点头。他从卡里马赫的谈笑风生里，感觉到诗人蔑视神权的大无畏精神。

卡里马赫五十岁出头，哥白尼才十五六岁，两人却谈得很投机，完全成了忘年交。卡里马赫问哥白尼：“小尼古拉，你喜欢什么格言？”

“我喜欢——‘太阳每天都是新的’！”哥白尼脱口而出。

“这句话是赫拉克里特说的，意思是世界万物不是一成不变的……”

“这你也知道呀！”哥白尼很惊奇。

瓦兹洛德舅舅正好端着咖啡过来，听见了他俩的对话。舅舅打趣道：

“卡里马赫大师是波兰王子的老师，没有什么他不知道的。”

卡里马赫只是呵呵地笑，仿佛眼前的哥白尼也成了小王子。

哥白尼壮着胆子问：

“我也问问大师，你喜欢什么格言呢？”

“嘿嘿，我吗？我喜欢这句话：‘走自己的路，让别人去说吧！’”

哥白尼觉得这句话很耳熟，但记不起在哪里听过。他小声问道：

“舅舅，这话是谁说的？”

“但丁。”舅舅回答。

哦，是但丁，哥白尼想起来了。这位佛罗伦萨的伟大诗人，不仅敢在《神曲》里把教皇打入地狱，还公然宣称要特立独行，走自己的路。

“瓦兹洛德主教，你这位外甥是个可造之才啊！”

卡里马赫很喜欢哥白尼，称赞他思路敏捷，勤学好问。见卡里马赫称赞哥白尼，瓦兹洛德舅舅的脸上露出欣喜之色。

“小尼古拉，你将来的志向是什么？”卡里马赫问。

“我……喜欢天文学。”哥白尼兴奋地说。

“你知道吗？卡里马赫先生就是一位天文学家。”舅舅告诉他。

“哦！是吗？”哥白尼又是一个惊喜。

那个时代的优秀人物，有很多都是通才。就像恩格斯说的，那时的英雄们还没有成为分工的奴隶，分工限制人，使人受片面化的影响，在他们的后继者那里常常可以看到。而这些英雄们的特征是，他们几乎全都在大时代运动和实际斗争中叱咤风云，摧枯拉朽，参与政党，进行斗争，一些人用笔和舌，一些人用剑，而许多人则两者并用。那时候几乎没有一个著名人物不曾作过长途的旅行，不会说四五种语言，不在许多部门大放光彩。卡里马赫先生就是这样一位人物。

“让我考考你。”卡里马赫的表情突然严肃起来，“一个真正的天文学家，需要具备什么条件？”

“要热爱星空。”哥白尼天真地答道，“要有探索精神，还要读很多很多的天文书籍……”

卡里马赫微微点头。

“现在冒牌的天文学家太多了。”他说，“天文学成了时尚。有的人以为读过托勒密的一本《至大论》，再望着星空发出几声感叹，就成了天文学家。我见过不少这样的学术骗子，有的还披着红衣主教的大袍……”

“托勒密的《至大论》我没有读过。”哥白尼承认。

“有机会你可以读一读。”卡里马赫鼓励他说，“这个人很了不起。他的学说雄霸天文学界一千多年，竟然没有人能够推翻它。但是明眼人看得出来，托勒密的学说其实已经有点过时了……太阳每天都是新的！托勒密的‘地心说’却已经老掉了牙。哈哈哈哈……”

卡里马赫放声大笑。瓦兹洛德舅舅也笑起来。

听到卡里马赫的这席话，少年哥白尼感觉耳目一新。

“你想当天文学家，这个志向不简单。”

卡里马赫从瓦兹洛德舅舅家告辞时，语重心长地对哥白尼说：

“亲爱的孩子，你要记住，天文学家有两样法宝：一个是数学，一个是观察。一个卓越的天文学家，必须具备深厚的数学功底，掌握最新的数学方法，因为研究天文学需要大量繁杂的计算。至于观察天象，那更是天文学家的日常功课。浩瀚星空，渺渺银河，宇宙的奥秘就藏在其中。只有通过长年累月坚持不懈的观察，从大量的观测数据中，才有可能总结出天体运行的规律，才能有所发现。”

“谢谢大师的教诲！”

哥白尼依依不舍地同卡里马赫挥手告别，直到卡里马赫乘坐的马车消失在大路的尽头。他牢牢记住了大师的话。这句临别赠言，对哥白尼产生了深远的影响，使他终生受益。

名师高徒

mingshigaotu

1491 年秋天，哥白尼以优异的成绩从中学毕业。

在瓦兹洛德舅舅的安排下，18 岁的哥白尼怀着憧憬的心情和远大的理想，进入波兰首都克拉科夫大学学习。哥哥安杰伊也一同进入克拉科夫大学就读。这是当时波兰最好的大学。舅舅就是克拉科夫大学的毕业生，在校内有不少朋友，对哥白尼有很好的关照。还有让哥白尼兴奋的一点，就是卡里马赫就住在克拉科夫，他有机会再见到这位导师。

克拉科夫城位于波兰南部维斯瓦河上游，是当时波兰的首都，也是欧洲的贸易和文化中心。克拉科夫城建于公元 700 年前后，最早为维斯瓦族的故乡，1320 年定为波兰首都，是中欧最古老的城市之一。

哥白尼和安杰伊乘坐马车到克拉科夫，路上用了两周时间。沿途秋色斑斓，风光宜人，但他俩无心观光，两颗年轻的心早已飞向克拉科夫。

初次走在克拉科夫街头，哥白尼觉得一切都很新鲜。克拉科夫有个中心广场，又叫“主市场”，街边摆满了卖小商品的摊位，有卖琥珀、水晶的，还有卖木制餐具、波兰娃娃、铜制工艺品的，琳琅满目。广场的长和宽各有 200 米，别说哥白尼从来没有见过这么大的广场，这在整个欧洲也是首屈一指。

克拉科夫街景

两兄弟站在广场中央，举目四望，犹如置身在人海之中，真是大开了眼界。

“克拉科夫城真大啊！”哥白尼感叹道。

“你瞧，这里的人也是形形色色的，有好多外国人哟！”安杰伊说。

广场上来来往往的年轻人，身着不同的服装，说着五花八门的语言，一个个走起路来雄赳赳、气昂昂的。他们大都是来克拉科夫深造的外国留学生。

在中心广场的一侧，耸立着赭红色的圣玛利亚教堂，典型的哥特式建筑，从远处可看见一圆一尖的两座塔顶。几个身着黑色长袍的神甫，手执《圣经》匆匆而过。哥白尼和安杰伊调皮地交换了一下眼神。他俩跟着神甫的脚步，亦步亦趋地走进了教堂。教堂里的装饰像座艺术殿堂，漂亮极了。华丽的穹顶，精美的浮雕，五彩斑斓的玻璃窗，令人叹为观止。教堂正中央是座金碧辉煌的总祭坛，刚刚建成不久，其长为 11 米，宽为 13 米，用椴木雕刻的耶稣和玛利亚等宗教人物，闪着金辉。哥白尼伫立在祭坛面前，听见庄严圣洁的管风琴声冉冉升起。不知为什么，他突然有一种“上帝和你同在”的感觉。

走出教堂，哥白尼还在寻思：上帝真的无所不在吗？他感觉到了宗教不知不觉渗透人心的力量。

这时，教堂的高塔上响起了号角声。一个士兵打扮的年轻号手，在塔顶高高地扬着头吹奏着长号。广场上的人在同一刻都默然伫立，倾听着号声。一个游人告诉哥白尼，每隔一小时，就有一名号手在高塔上吹响号角，这是为了纪念中世纪一位爱国的年轻号手。当年敌人攻入克拉科夫，这个号手不顾个人安危吹响警报号，直到敌人的剑刺穿了他的喉咙。

这号声使哥白尼肃然起敬。这是他来到克拉科夫进大学前上的第一课。

克拉科夫大学是波兰的最高学府，历史悠久，也是欧洲最古老的大学之一。有许多文艺复兴的思想家、科学家、人文学者集中在这里。

这座学府为波兰培养了很多杰出的人才，包括政治家、外交官、神学家、著名学者等。学校里设有拉丁文、法学、医药学、神学、数学和天文学等课程。尤其

以数学和天文学的水平，在欧洲居于领先地位。当时到克拉科夫大学求学的学子，除了波兰的贵族子弟和优秀青年，还有不少慕名而来的外国留学生，他们分别来自德国、意大利、瑞典等国。

哥白尼入校的这一年，克拉科夫大学有近千名学生，规模很大。哥白尼同期的新生有70个。在学校的注册本上，他登记的是“托伦的尼古拉”。

克拉科夫大学的校长由教授会选举产生，必须有教授资格的才能当校长，学校实行民主管理。用现代的话说，就是实行“教授治校”。这是颇不简单的事。说明当朝的国王比较开明，也表明文艺复兴之风在波兰方兴未艾。克拉科夫大学内人文主义气氛浓厚，新兴的文艺复兴思想与腐朽的封建教会经院哲学不共戴天。在这座古老的大学里，哥白尼接受了先进的人文主义思想的熏陶，在心灵里埋下了向经院哲学挑战的种子。

哥白尼在克拉科夫大学主修了天文学、哲学、占星术、几何学和地理学等课程。克拉科夫大学没有开设希腊文课，学生们都用拉丁文交谈和写论文。

天文学是克拉科夫大学的一门主课。当时的天文学是一个热门学科。首先

克拉科夫大学古色古香的回廊

教会需要天文学家提供精确的历法，以便计算具体年份复活节、降灵节等宗教节日的准确日期。还有王室和权贵们，几乎都需要一个占星学家，这种角色通常也由天文学家来充当。达官贵人修建豪宅、升迁大事或是贵体欠安，都要请占星学家占上一卦。如果事先不请教占星学家，甚至指挥官都不肯作出重要的军事决定。农民种田需要知道时令，小商贩和市民出行要关注天气预报，还有远洋航行靠观测星宿掌握方向，这些也离不开精确的天文知识。

克拉科夫大学的天文学专业历史悠久，师资力量一流。当时欧洲大学开设天文学专业的不多，很多外国留学生都是慕名来这里学天文学的。他们学成回国后，大部分都成了该国的天文学精英。

在克拉科夫大学求学的三年中，有两个导师对哥白尼的影响最大。一位是哥白尼读中学时就见过的革命诗人卡里马赫。卡里马赫住在克拉科夫，哥白尼经常去拜访他，聆听他的教诲。这时候，卡齐米日四世国王已经去世，卡里马赫的学生、王子扬·奥尔布拉希特登上了王位。作为新国王的老师，卡里马赫在波兰的声望和影响力达到了顶峰。他和哥白尼成了忘年交，经常带哥白尼参加社会活动，出席他充满激情的诗歌朗诵会。

哥白尼追随这位导师，开阔了眼界，长了不少见识。更重要的是，卡里马赫在青年哥白尼心中铸造了反叛精神和探索真理的坚强信念。

另一个对哥白尼有重大影响的人，是克拉科夫大学占星学系（实际就是天文学系）的沃伊切赫教授。

沃伊切赫毕业于克拉科夫大学，是一位人文主义者、波兰最优秀的数学家和天文学家。他曾编制了完整的天文历表，学问深厚，在欧洲学术界享有盛誉。正是这位教授的启蒙教育，促使哥白尼决定将自己的一生奉献给天文科学。

哥白尼相信，在人类智慧所哺育的科学和文化领域中，对最美好的、最值得了解的事物的研究，就是探索宇宙的神奇运转、星体大小、距离和出没规律的学科——天文学。他立志要用最强烈的感情和高度的热忱，投身到这一伟大的探

索中。

沃伊切赫教授在天文学理论和实践两方面都颇有造诣。他有两项重要的天文发现：一是他发现月亮的轨道并不像以前人们说的那样圆，它实际是椭圆形的；二是经过多次观察，他发现地球的卫星总是有一个面对着地球。这在当时的天文学界是很有创见的。沃伊切赫对亚里士多德和托勒密的天文学作过深入研究，对其缺陷了解透彻。在天文观测方面，也积累了大量的数据和丰富的经验。沃伊切赫教授很赏识哥白尼。

克拉科夫大学校徽

哥白尼读大三时，曾和沃伊切赫教授一起使用捕星器、三弧仪等仪器，观测过两次月食和一次日食。捕星器用来测量月球和行星的位置，三弧仪是测量行星距离的。这是哥白尼首次学会使用天文仪器，为他以后的天文研究奠定了基础。这两种仪器是波兰天文学家马尔钦·克鲁尔（1433–1493）赠送给学校的。克拉科夫大学的占星学系，也是马尔钦·克鲁尔私人出资创办的，因此他被称为克拉科夫大学天文学专业之父。

沃伊切赫讲授天文学课时，把数学、天文学和人文主义思想结合在一起，深入浅出，妙语连珠，深得学子们的欢迎。只要是沃伊切赫教授的课，课堂里总是爆满。哥白尼如饥似渴地聆听沃伊切赫教授的课，受益匪浅。

克拉科夫大学的管理很严格，学生们过的都是半修道院式的生活。哥白尼在学校里住的是名为“耶路撒冷”的学生宿舍。这栋宿舍位于学院大楼旁边，据说哥白尼经常从宿舍楼的山墙爬过去，独自躺在屋顶上观察星星。克拉科夫大学档案馆至今还保留着哥白尼当时的天文学手稿，其中一部分就是在“耶路撒冷”里写的。

三年的刻苦学习，哥白尼通晓了天文学的发展史，掌握了天文学的基础知识，还学会了如何进行天文实际观测。所有这些，都是一个天文学家所必须具备的基本素质。哥白尼牢记着导师卡里马赫的话："天文学家有两样法宝：一个是数学，一个是观察。"

哥白尼还收集了许多有关数学和天文学的书籍，认真研读。

他从一些介绍亚里士多德和毕达哥拉斯学派的著述中，发现了传统天文学的破绽，也寻找到了灵感。据说"这些书现今还保存着，书中空白处有不少哥白尼所写的注解，并且贴有他的计算草稿。"中国天文学家李珩在《近代天文学奠基人哥白尼》一书中说，"由他这些手迹使我们感觉到他在学习天文学的初期，便已想到他后来要建立的理论了。"

当时，欧洲所有大学讲授的都是托勒密的天文学体系。哥白尼对课本里讲的托勒密学说，不由产生了怀疑。

正是从这个时期开始，在他的心中悄悄点燃了建立新宇宙学说的雄心壮志。

权威的天文学体系

quanweidetianwenxuetixi

在哥白尼时代，托勒密的"地心说"在欧洲天文学中占着统治地位。

托勒密是古希腊著名的天文学家和地理学家，生于公元 90 年，卒于公元 168 年，与我国东汉时期的天文学家张衡同时代。托勒密的父母都是希腊人，有关他的生平，史书上记载不多。

托勒密青年时代求学于亚历山大城，在那里博览群书，并学会了天文测量和大地测量。托勒密一生著述颇丰，他在天文、地理、光学、音乐等方面很有造诣，特别是托勒密总结了亚里士多德、阿波罗尼等前人的研究和观测成果，写出了概括古希腊时期天文学全部成就的《天文学大成》一书，成为古希腊天文

托勒密

学和宇宙学思想顶峰的标志。在这部13卷本的著作中，托勒密提出了“地球是宇宙中心”的学说，即有名的“地心说”。托勒密认为，地球静止不动地坐镇宇宙的中心，所有的天体，包括太阳在内，都围绕地球运转。

在托勒密的宇宙体系中，继承了亚里士多德的“地球中心说”的宇宙观念，设想宇宙有“九重天”，地球是处于宇宙绝对中心的一个圆球形天体，在它的周围，等距离地分别居住着月亮、水星、金星、太阳、火星、木星、土星、恒星和原动力天层。在最外层的宇宙边界原动力天层中，居住着无所不能的上帝，正是在他的推动下，各天层中的天体自西向东地围绕着地球旋转，而地球则居于宇宙的中央，岿然不动。

托勒密的“地心说”，概括起来有三个主要观点：

1. 地球是球体。

2. 地球是静止不动的，而且处于宇宙的中心。

3. 所有日月星辰都围绕着地球旋转。

天文学家们在观测中发现，天体的运行有一种忽前忽后、时快时慢的现象。为了解释这种现象，托勒密又引入古希腊几何学家阿

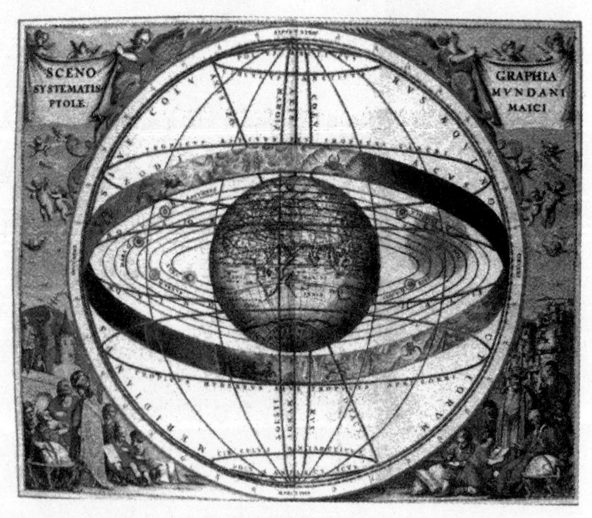

托勒密的宇宙体系

波罗尼的偏心圆和本轮的概念，假设环绕地球作均衡运动的并不是天体本身，而是天体运动的圆轮中心。托勒密把太阳和行星环绕地球的轨道叫做“均轮”，把均轮上的一些较小的圆周运动叫做“本轮”。按照托勒密的设想，太阳和各行星都绕着一个较小的圆周运动，而每个圆的圆心则在以地球为中心的圆周上运动。他把绕地球的那个圆叫“均轮”（主圆），每个小圆叫“本轮”（辅助圆），同时假设地球并不恰好在均轮的中心，而是偏开一定的距离，均轮是一些偏心圆。托勒密的数学图景，较为圆满地解释了当时观测到的行星运动情况，因而被人们所接受。

托勒密的宇宙体系是对前人成果的一次大综合，具有伟大的历史意义。亚里士多德最早提出的“地球中心说”，只是一种哲学思想，托勒密用数学方法把它发展成为一个完整的体系。他的著作《天文学大成》被后世誉为《至大论》，意思是“伟大之至”。中国天文学家卞毓麟把托勒密称为“伟大的综合者”，吴国盛说他是“希腊天文学家的集大成者”。

托勒密和司天女神（16世纪版画）

托勒密的宇宙体系之所以能为大家接受，自然是有其原因的。

首先，“地心说”符合人们日常的经验，人人都看见太阳每天早晨升起，傍晚落下，那自然是太阳在动，而地球没有动。

第二，由于当时天文观测资料很粗糙，用托勒密的均轮和本轮推导出的行星位置，与当时的观测结果基本相符。

第三，托勒密的天体模型与

基督教《圣经》所描绘的宇宙图像不谋而合，因而得到教会的支持和利用，使之成为神学的重要基础，最后被奉为不可动摇的信条。《圣经》里有一句名言，先知约书亚曾说：“太阳啊，你要停留……”中世纪的教会权威们常以此话为据，说这就意味着太阳按照神的旨意在运动。

托勒密的“地心说”流传了1300多年，直到文艺复兴时代，仍在欧洲天文学思想中占统治地位。这种传统观念甚至渗透到同时代的文学名著中，如但丁在《神曲》的《天堂篇》中，就描绘了月球天、水星天、金星天、太阳天、火星天、木星天、土星天、恒星天、水晶天(原动天)的境界。这位诗人在恋人贝亚德丽采的引导下，依次登临这九重天，最后在水晶天窥见了上帝的神采。

托勒密的漏洞

tuolemideloudong

然而，随着天文观测精度的不断提高，人们发现由托勒密宇宙模型推导出的结果与观测记录相差越来越大。为了自圆其说，托勒密的追随者们采用增加新本轮的办法来弥补，结果是本轮越加越多。到了16世纪，经过加工的托勒密体系，本轮的数量甚至增加到80多个，才能勉强与观测结果相符。

这简直令人难以置信。甚至有的天文学家也调侃说，让天体做这么复杂的运动，连上帝也会觉得太累了！

人们开始怀疑“地心说”的正确性，许多学者在思考问题究竟出在哪里。

还有人引用讽刺诗人斯威夫特的诗句，来取笑托勒密的本轮叠加本轮的尴尬。

大跳蚤长着小跳蚤，
在它们的背上乱咬，

小跳蚤长更小跳蚤，

长啊咬啊没完没了。

在沃伊切赫教授的影响和启发下，正在克拉科夫大学读书的青年哥白尼，也在苦苦思索。他认真研读了托勒密的《至大论》，发现托勒密体系的漏洞很多，许多假设的结果与实际的观测记录不符。

哥白尼指出托勒密的追随者们存在着五大问题：

1. 首先，对太阳和月球运动的认识很不可靠，他们甚至对回归年都不能准确测出一个固定的长度（出发点不可信）。

2. 其次，不仅是对这些天体，还有对五个行星，他们在测定其运动时使用的不是同样的原理、假设，甚至对旋转和运动的解释（方法）也是随心所欲。

3. 有些人只用同心圆，而另外一些人却用偏心圆和本轮，尽管如此都没有完全达到他们的目的（各取所需，破绽百出）。

4. 虽然那些相信同心圆的人已经证明，用同心圆能够叠加出某些非匀速运动，但他们用这个方法不能得到任何颠扑不破的与观测现象完全相符的结论（托勒密的本轮叠加只是割肉补疮，解决不了根本问题）。

5. 那些想出偏心圆的人通过一些计算，在很大程度上似乎解决了天体运动的问题，其实他们并不能从偏心圆正确地推断出宇宙的结构。他们的做法正像一位画家，从不同地方临摹手、脚、头和人体的其他部位，尽管都可能画得非常好，但不能代表一个完整的人体。因为这些片段彼此完全不协调，把它们拼凑在一起就成为一个怪物，而不是一个人（说得很尖锐——托勒密的偏心圆均轮体系是一个拼凑的“怪物”）。

哥白尼后来在《天体运行论》一书的序中，谈到了这段思想历程，说他对传统天文学在天球运动研究中的紊乱状态思考良久。想到哲学家们不能更确切地理解最美好和最灵巧的造物主为我们创造的世界机器的运动，他感到困惑和懊恼。

为了解开这个心结，哥白尼孜孜不倦地重读了他能找到的所有哲学家的著作，希望知道是否有人提出过与天文学教授在学校里所讲授的不相同的天体运动。

他首先在西塞罗的著作中查到，一位名叫赫塞塔斯的学者设想过“地球在运动”。西塞罗是罗马著名的政治家和演说家，也是一位作家，生于公元前106年，卒于公元前43年。哥白尼是在一家牧师会图书馆中找到西塞罗著作的，书名叫《学术问题》，是一本珍贵的手抄本。他在书中发现了一段话：

按古希腊哲学家及博物学家狄奥弗拉斯图（公元前371-公元前288）所述，西拉求斯的赫塞塔斯相信苍穹、太阳、月亮、恒星——简言之，一切天体——都静止不动，并认为宇宙中只有地球在运动。由于地球以最大的速率绕轴旋转，我们所看见的现象就和苍穹在运动而地球静止一样。

哥白尼不禁大喜。他在本子上把这段话摘录下来，作为重要参考。

后来，哥白尼又在希腊传记作家普鲁塔尔赫的《哲学家的见解》中发现了这个观点，还有别的一些哲学家也持这一见解。如毕达哥拉斯学派的菲洛劳斯认为，地球就像太阳和月亮一样，沿着倾斜的圆周绕着一团火旋转。这个学派的另一个人埃克范图斯和大名鼎鼎的赫拉克利特也主张地球在动，就像一只车轮，从西向东绕着它自己的中心旋转。

哥白尼在《天体运行论》的序中写道：

“就这样，从这些资料中受到启发，我也开始考虑地球的可动性。虽然这个想法似乎很荒唐，但为了解释天文现象，我的前人已经设想出各种各样的圆周，因此我想，我也可以用地球有某种运动的假设，来确认是否可以找到比我的先行者更可靠的对天球运行的解释。”

这是一个大胆的设想，也是一个科学思想的突破。

于是，假定地球在运动。哥白尼经过潜心的研究终于发现：如果把其他行星的运动与地球的轨道运行联系在一起，并按每颗行星的运转来计算，那么不仅可以对所有的行星和球体得出它们的观测现象，还可以使它们的顺序和大小以及苍穹本身全都联系在一起了。

这就是说，如果以“地动说”来解释天体现象，在托勒密“天动说”中不可克服的困难都可迎刃而解。

西塞罗在手稿中还把太阳称为“宇宙心灵”。这让哥白尼不由得想起了格赛伦校长，他说起过赫拉克利特的话：“如果没有太阳，就算有别的星辰，也还是黑夜。”

赫拉克利特还说过一句名言：“太阳每一天都是新的！”

哥白尼发现，还有一个索福克勒斯，这位古希腊悲剧戏剧家在《俄狄甫斯在科罗诺斯》中，把太阳称为“洞察万物者”。

一个大胆的想法在他心头萌生：宇宙的中心并不是我们居住的地球，而是威力无比的太阳！

年轻的挑战者

nianqingdetiaozhanzhe

哥白尼在克拉科夫大学读了三年，一个意外的事件改变了他的学业。

事情发生在1494年深秋的一天，因为逮捕了一个殴打波兰教士的条顿骑士团教士，引起瓦尔米亚教区与条顿骑士团的外交危机。在哥白尼生活的年代，条顿骑士团盘踞在波兰东北部地区，对波兰的国家主权与和平构成很大的威胁。条顿骑士团有罗马教廷和德国皇帝的支持，经常入侵波兰的领土，是波

兰不共戴天的敌人。舅舅瓦兹洛德主教主持的瓦尔米亚教区，像一把楔子插在东北部地区，四周被条顿骑士团领地所包围。骑士团不断制造麻烦，挑起事端。

骑士团大公兵临城下，和瓦尔米亚教区主教瓦兹洛德进行谈判。舅舅瓦兹洛德把哥白尼从克拉科夫召回来，参加了这次剑拔弩张的谈判。

哥白尼参加这次谈判，懂得了骑士团是波兰民族不共戴天的敌人。舅舅瓦兹洛德主教也深深感到，与骑士团的斗争是长期的。除了战场上的厮杀，还需要在谈判桌上使用法律武器，揭穿对方所谓“特权”的谎言。这迫切需要有精通教会法律的人才。经过一番深思熟虑，他决定让哥白尼提前毕业，来瓦尔米亚教区任神甫，然后派往意大利专修教会法规。

哥白尼认为抗击条顿骑士团是义不容辞的责任，便接受了舅舅的安排。他说：“没有任何义务比得上对祖国的义务那么庄严，为了祖国而献出生命也在所不惜。”

在告别克拉科夫大学之前，哥白尼特地向导师卡里马赫和沃伊切赫教授辞行。在惜别之际，两位导师在教授的家里，与哥白尼进行了一场难忘的恳谈。这就是被传为佳话的所谓“毕业答辩”。

“我来考考你吧，现在的天文学问题究竟出在哪里？”卡里马赫问。

“你可以畅所欲言。”沃伊切赫教授鼓励他。

哥白尼思忖了一下，回答道：

“教授们在课堂讲授宇宙体系时，总是说地球是不动的。他们的依据是托勒密的《至大论》，列举的理由共有四条，第一条理由是古希腊神话描述的，天神阿特拉斯被宙斯降罪，被罚蹲在西天的尽头，用肩膀托着地轴，用头和双手顶住天空，于是地球就静止不动了。第二条理由是物理学的根据。据说阿拉伯国王穆罕默德的灵柩是凌空悬在拱形墓室里，没有任何东西支撑。这也证明地球是静止不动的，否则的话，灵柩不可能保持原位。第三条理由是由运动学而来。如果地球是运转的，那么地上的石头会抛起来，空中的飞鸟和浮云会被甩到地球的后面。最后一条理由，如果地球不停地运转，海水就会泛滥成灾，淹没整个地球。”

“你认为这些理由站得住脚吗？”卡里马赫问。

“依我看，这些都站不住脚。”哥白尼目光坚定。

“说说为什么。”沃伊切赫教授期待地问。

“第一条理由是神话，不足为凭。”哥白尼理直气壮地说，“第二条理由是凭空想象。穆罕默德的灵柩并不是没有任何支撑，实际上它是由磁石牢牢吸住的，所以地球无论处于静止状态还是运动状态，灵柩都不会移动。”

卡里马赫流露出赞赏的目光。

哥白尼继续说：“第三条理由听起来符合常理，但是他们并不知道，其实地球在运动时，地球表面的水和空气都会随着一起运动，所以地上的石头、空中的飞鸟和浮云并不会被甩到地球的后面。同样的原因，海水也不可能淹没整个地球。可见，耸人听闻的第四条理由也是站不住脚的！”

被宙斯降罪背负地球的阿特拉斯天神

“哦，那你的见解是什么呢？”

“托勒密是个了不起的天文学家，他总结了亚里士多德先哲的思想，第一次把人类的宇宙猜想变成了一个理论体系。”哥白尼停顿了一下，继续往下说，“但是，托勒密的理论体系并不是万能的。古典天文学存在着很多漏洞，托勒密宇宙体系的关键，是引入了本轮、均轮和偏心点三大机制。通过本轮、均轮的叠加，可以解释行星的逆行和亮度变化，通过偏心点可以说明行星运动速度不均匀的现象。正是这种机制'拯救'了旧的天文学体系，这是托勒密的聪明所在。这就是所谓的'拯救行星运动'。然而，随着天文观察的材料不断增多，需要'拯救'的偏差有增无减。托勒密体系本来就过于复杂，如今是越'拯救'越复杂，救命的'轮子'已经加到80多个了！连沃伊切赫老师都说，托勒密的宇宙模型快被这一大堆'轮子'挤爆啦！"

青年哥白尼

听到这里，卡里马赫哈哈大笑。

"沃伊切赫教授说得很风趣哦！"他瞅了教授一眼。

"哪里！我这是在课堂上讲的笑话。"沃伊切赫教授也笑了。

哥白尼的表情却一本正经。他认真地说：

"如果死死抱着'地球是宇宙中心'的信条不放，'拯救行星运动'必然会进入死胡同。"

沃伊切赫教授微微颔首，他完全赞成学生的话。

卡里马赫望着面前这位大学生，表情有几分凝重。

"小伙子，你认为天文学的出路在哪里呢？"他问。

没料到，青年哥白尼口出惊人之语：

"我的结论是：托勒密天文体系已经无可救药！"

卡里马赫和沃伊切赫教授意味深长地对视了一眼。两位导师为哥白尼的大胆想法感到惊叹。一个年轻的大学生，居然敢向统治天文学界长达1300多年的权威宣战。卡里马赫深知"地心说"虽然有很多破绽，但由于它与《圣经》教

义相符，所以很难撼动。反对这个学说，就会被认为是同教会唱反调，招致教廷的严厉惩罚。但是，真理一定会取代谬误，新生必然战胜腐朽，这是一条历史的铁律。

他从青年哥白尼身上，看到了新科学的希望。

“小伙子，你的确抓住了天文学的根本问题。你要牢牢地把它抓住，锲而不舍，从零开始，去开辟天文学的新天地！”

哥白尼受到很大的鼓舞。

他怀着依依不舍的心情，告别了两位恩师。没有想到的是，此一别竟然是师生的永诀。

哥白尼离开克拉科夫不久，沃伊切赫接受红衣主教雅盖隆奇克的委任，赴立陶宛担任大公的私人顾问和宫廷秘书。由于立陶宛大公是波兰王位的继承人，沃伊切赫担任的角色非常重要。他把这一职务当做是义不容辞的国家责任。

不幸的是，沃伊切赫赴立陶宛上任不到一年，就溘然长逝，享年不到50岁。立陶宛大公损失的是博学的私人顾问，波兰却失去了一位最杰出的天文学家和教育家。噩耗传来，克拉科夫大学的师生们都非常沉痛和惋惜。哥白尼痛失导师，更是怆然叹息。

KEXUE JUREN DE GUSHI

留学意大利

舅舅的安排

jiujiudeanpai

哥白尼回到利兹巴克城堡舅舅的身边，面临着未来的抉择。他一边协助舅舅处理一些教区的事务，一边等待着出国深造的机会。

1491年秋天哥白尼去克拉科夫读大学时，还是一个满脑子追星梦的少年。经过名师指导和三年大学生活的陶冶，哥白尼已经成为一个优秀的青年学者，他的学识渊博、思想活跃，通晓国家大事。

在参与同条顿骑士团的谈判时，哥白尼表现得很出色。起初，条顿骑士团的大公派手下送来亲笔信，要求瓦兹洛德主教到骑士团的领地进行谈判，信中声称保证瓦兹洛德主教的安全。

利兹巴克城堡里有人主张，为了表示谈判的诚意，瓦兹洛德主教可以前往大公指定的地点。当时，哥白尼刚日夜兼程从克拉科夫赶回来。

舅舅征求他的意见："尼古拉，你觉得怎么样？"

哥白尼分析说："这显然是条顿骑士团的一个阴谋。骑士团的领地埋伏着重兵，危机四伏。如果主教大人亲自去骑士团的领地谈判，如同深入虎穴，风险极大，骑士团大公一定会用刀剑逼着我方就范，所以绝对不可答应。"

主教的一个顾问说："骑士团大公有亲笔信保证主教的安全，他若搞小动作，会遭到各个公国谴责的。"

"条顿骑士团对瓦尔米亚领地早就虎视眈眈，而且背后有教皇撑腰，他才不在乎别人说什么呢！"哥白尼力辩道。

"尼古拉先生，你有什么妙计吗？"顾问反问哥白尼。

"很简单，谈判地点就选在利兹巴克城堡。"

“如果骑士团大公不来呢？”

“他会来的。”哥白尼说，“因为谈判主动权在我们手上。那个殴打波兰教士的条顿骑士团教士，至今还关在利兹巴克城堡。如果骑士团大公不来利兹巴克城堡谈判，我们就拒不放人。这位大公或许并不在乎一个教士的死活，但如果这样，他在各国面前会很没面子。”

“好，就这样定了！”瓦兹洛德主教下了决心。

由他口授给骑士团大公回了一封措词婉转而意思强硬的信，说明因身体有恙不能前往条顿骑士团宝地。为了解决贵团打人教士的善后事宜，特请大公屈尊来利兹巴克城堡会谈云云。

骑士团大公接到信后，果然做出让步，带着几十名随从到利兹巴克城堡谈判。为了炫耀武力，他在利兹巴克城堡外布置了大军。瓦兹洛德主教在城堡上也布置了重兵把守，严阵以待。

在谈判桌上，哥白尼表现出超人的勇敢和机智。22岁的他坐在瓦兹洛德主教身旁，镇定自若，不露声色。刚开始，骑士团大公并没有把主教身旁的这个年轻人放在眼里。

谈判一开始，骑士团大公就气势汹汹地狡辩说：

“条顿骑士团有教廷的‘圣谕’，享有宗教‘特权’。条顿骑士团的教士纵使杀人放火，也有豁免权，瓦尔米亚的主教不能治罪。”

瓦兹洛德主教讥讽道：“大公说的所谓教廷的‘圣谕’变来变去，今天一个说法，明天一个花样，根本没有法律依据。”

“瓦兹洛德主教，难道你想违背教皇的圣谕吗！”骑士团大公气急败坏。

双方唇枪舌剑，针锋相对。

“哼，你说的那些特权早就过时了。”主教冷笑一声回敬道。

骑士团大公强词夺理道：

“教皇发布的圣谕，永远都不会过时。”

这时，哥白尼不卑不亢地插了一句话：

“尊敬的骑士团大公，当年罗马教皇曾颁布一份《君士坦丁献土》文件，声称在公元4世纪，君士坦丁大帝把罗马城和拉特兰宫赠送给了教皇。可是这份文件的真伪，至今都没有搞清楚。大人又作何解释呢……”

骑士团大公被问得哑口无言，他瞪了哥白尼一眼，表情尴尬。

瓦兹洛德主教嘴角露出会意的微笑。利兹巴克城堡在谈判桌上明显地占了上风。谈判最后结果，骑士团大公对教士打人事件表示道歉，并作出赔偿，然后把仗势打人的恶教士领了回去。瓦尔米亚一方获得完全胜利。

事后瓦兹洛德主教问哥白尼，是怎么知道有一个《君士坦丁献土》文件的。哥白尼说，是从一本宗教史手抄本上偶然看到的。瓦兹洛德主教更感到通晓宗教法的重要性和迫切性，更加坚定了送哥白尼去意大利留学的决心。

瓦兹洛德主教非常赏识哥白尼的才干和处事不惊的胆识，有心把他培养成自己的得力助手和接班人。

哥白尼已经长大成人，需要一个安身的职业；另一方面，去意大利留学需要大笔的费用。瓦兹洛德谋划了一个最好的办法，就是先让哥白尼担任神职，然后以教会的名义，派他去意大利深造。用现在的话说，这叫“公费留学”。在当时，教会垄断着大量的社会资源，神甫的地位和待遇相当高，有固定的收入，并受人尊敬。那时许多优秀的知识分子，都是在担任神职的同时，用业余时间搞自己热衷的科学研究。再说了，从瓦尔米亚教区的公务出发，也非常需要哥白尼这样的人才。主教的身边需要一个可靠的顾问、秘书和法律专家，瓦兹洛德相信哥白尼是最佳人选。

于是，瓦兹洛德主教向弗龙堡大教堂的瓦尔米亚神甫会提出，推荐哥白尼做一名神甫。由于神甫的名额有限，必须等神甫会里有缺额时方能补上这个位置。瓦兹洛德为此事做了很大努力。恰好当时有一个神甫病故了，机会难得。可惜的是瓦兹洛德主教晚了一步，半个月前教皇已经指定了一位继承人。瓦兹洛

德只能再等下一个机会。不过，神甫会同意将哥白尼列入候补名单。

1496 年夏末，哥白尼以候补神甫的身份赴意大利博洛尼亚留学。从利兹巴克城堡到博洛尼亚，路途遥远。与哥白尼同行的有普兰格神甫和随从，普兰格是瓦兹洛德派往罗马教廷的使节，有他一路陪同，瓦兹洛德比较放心。

当时从波兰北部地区到意大利，有两条路。一条取道奥地利，越过普勒肯山口到威尼斯。另一条路取道中日耳曼，经纽伦堡和奥格斯堡，越过阿尔卑斯山的布尔内尔山口，再一直南下到意大利的维罗纳城，再南行 100 千米，就是博洛尼亚。当时许多波兰学子都是通过这两条路，翻过常年积雪的阿尔卑斯山到意大利求学的，再从文艺复兴的圣地把新知识新思想带回波兰。哥白尼走的是第二条路线。他在途中游历了一些日耳曼城市，留下了深刻印象。瓦兹洛德舅舅当年也是通过这条路到博洛尼亚大学读博士的。

在纽伦堡逗留时，哥白尼还慕名拜访了当时很有名的天文学家瓦特尔。

瓦特尔亲切地接待了这个来自波兰的青年。

“你去博洛尼亚大学深造呀！”他听了哥白尼的自我介绍，热情地说，“那里的法律专业可是全欧洲第一啊。”

“我舅舅对我的期望很高。”哥白尼坦率地说，“不过，我本人喜欢的专业是天文学。”

“这太好了。那我们是同行哟！”瓦特尔听了很高兴。

“我怎么敢同大师相比啊！”哥白尼谦虚地说，“我能请教一些天文仪器的问题吗？”

瓦特尔制作天文仪器的水平，在天文学界是有名的。

“有什么问题你尽管问好了。”

瓦特尔让哥白尼参观他的观测台，里面的仪器琳琅满目，这让哥白尼大饱眼福。瓦特尔还告诉哥白尼操作这些仪器的技巧，让哥白尼受益匪浅。

在参观过程中，瓦特尔随意问了几个问题，发觉哥白尼在天文学方面的造诣颇深，不由对他另眼相看。

“是哪位老师教你的？”瓦特尔问。

“克拉科夫大学的沃伊切赫教授。”哥白尼回答。

“怪不得，名师出高徒啊！”

“可惜他已经过世了……”哥白尼叹道。

“你要继承沃伊切赫的遗志，在天文学领域作出一番惊天动地的事业来！”瓦特尔说。

“谢谢大师的鼓励。”哥白尼很感动。

新星升起

xinxingshengqi

经过40多天的长途跋涉，哥白尼平安地到达博洛尼亚城。普兰格神甫和随从继续南下，前往罗马上任。意大利是文艺复兴的发源地，也是欧洲的艺术、科学和商业中心。博洛尼亚坐落在意大利北部，南临亚平宁山麓，距佛罗伦萨不到100千米，是一座充满艺术和浪漫气息的古城。

这时，意大利已是秋天，博洛尼亚古城是一片斑斓的秋色。哥白尼正好赶上大学的秋季开学典礼。

23岁的哥白尼进入法律学院，主要研读教会法规。博洛尼亚大学的法律学院，的确像瓦特尔所说，在欧洲所有的大学中居于执牛耳的地位。博洛尼亚的法律学院相对于其他学院是独立的。法律学院的学生相对年纪要大些，而且多数已有学位，他们来博洛尼亚大学深造，大多由各地的教会派遣，专门攻读教会法规，毕业后直接为教会服务。

博洛尼亚大学创建于1088年，是世界上最古老的大学，创建之始就自由教授法律学。1158年皇帝费迪南德一世采纳四位学生的建议，颁布法令规定：

博洛尼亚大学不受任何权利影响，是进行独立研究的场所，所以这所大学也以校风民主、空气自由著称。从14世纪开始，继法学之后，博洛尼亚大学又开设了天文学、医学、哲学等学科。1364年，大学建立了神学院，后来又增设了希腊文和希伯来文。中世纪时，博洛尼亚大学的声誉已经在整个欧洲传播开来，成为学子们向往的学术圣地。文艺复兴的伟大诗人但丁、彼特拉克等都曾在这里求学。

哥白尼在法律学院的生活过得充实有序。每天黎明时分，教堂的钟声响起，他便起床去做早祷。7点开始上课，连续上两个小时，余下的时间自修。午餐后，还有一节课要连续上三个小时，对学生的耐力和专心程度是个考验。课程内容有标准的法律教材，还有专题学术报告，师生之间的学术讨论等等。哥白尼的主修课程是教会法。不过他的兴趣广泛，同时还研究其他学问，尤其对天文学和数学情有独钟。

在哥白尼成长和求学的路上，总有贵人相助。舅舅瓦兹洛德主教是他的保护人，国王的诗人老师卡里马赫、波兰大天文学家沃伊切赫教授，则是他的良师益友。

哥白尼南赴意大利时，卡里马赫特地写了一封推荐信，叫他交给博洛尼亚大学的天文学教授达·诺瓦拉。达·诺瓦拉是意大利文艺复兴的领导人、著名的天文学家，他亲自观测过南部欧洲许多城市的纬度，曾发现黄道逐渐变化的倾斜角。

博洛尼亚大学校徽

所谓黄道，是指从地球上观察，日月星辰都在天空中一条窄窄的区域内移动自己的位置，这条窄带就成为黄道带。这个观察结果，使达·诺瓦拉对托勒密的体系产生了怀疑。

达·诺瓦拉和卡里马赫是至交，他看了老朋友的推荐信，对哥白尼自然刮目相看。交谈之中，他发觉这个波兰青年的天文学知识很扎实，而且颇有见地，不由赞赏有加。于是，达·诺瓦拉教授邀请哥白尼住在自己家里。哥白尼与这位天文学大师朝夕相处，大获裨益。哥白尼到博洛尼亚大学主业是学法律，结果他却成了达·诺瓦拉教授的嫡传弟子。

在博洛尼亚大学里，除了专修教会法规，哥白尼还兼学了天文学、民俗法律、希腊语。教会法规是他的主课，天文学是他的志向，也是他最热爱的学科。他选学希腊语是为了直接阅读古希腊典籍，民俗法律则是顺便掌握的。

博洛尼亚大学有着优良的民主传统，学校由学生自己管理。学生们自己起草校规，自己推选学监和选择老师，在董事会监督下管理学校的日常事务。董事也由学生大会选举产生。学校里有不少地域性社团，如同乡会、同学会等等。哥白尼入校时还没有"波兰同学会"，他参加了最大的"德意志同学会"，结识了不少年轻的朋友。

第二年，安杰伊也来到博洛尼亚大学留学。哥哥给哥白尼带来一个好消息：前不久瓦尔米亚神甫会一个名叫查诺夫的神甫去世，在舅舅的努力下，哥白尼顺利补缺。哥白尼成了正式的神甫，这意味着他有了优裕的条件和经济保障，以后可以潜心搞自己热爱的天文学研究了。两年后，安杰伊也被选为瓦尔米亚神甫会的神甫。这是舅舅的一番苦心，也说明瓦兹洛德主教的确是一位有影响力的人物。

安杰伊还带来一个坏消息：哥白尼最敬爱的诗人导师卡里马赫在不久前去世了！哥白尼听到这个噩耗，不禁泪流满面。想不到两位恩师，一前一后竟相继离他而去，他们的音容笑貌至今历历在目。哥白尼忘不了他们的谆谆教诲和高尚的品格。卡里马赫给他写的那封推荐信，竟成了最后的托付。

哥白尼在博洛尼亚大学留学三年，师从达·诺瓦拉教授，学到许多宝贵的东西：一是科学精神，敢于怀疑，不迷信权威；二是科学方法，重视实验和观测。哥白尼经常和老师探讨太阳中心说的设想。达·诺瓦拉教授信奉希腊哲学家毕

古老的博洛尼亚大学

达哥拉斯的观念，主张宇宙的结构，可以用简单的几何图形和数学方程来表达，而不应像托勒密体系那样繁琐。哥白尼也认为托勒密体系太复杂了。

师生俩的观点，可以说是不谋而合。他们经常讨论如何简化托勒密的宇宙体系。

哥白尼到博洛尼亚大学的第二年，即1497年3月9日，他和达·诺瓦拉教授一道进行了一次非常重要的天文观测，这就是著名的“毕宿五掩星”现象。毕宿五的英文名Aldebaran，意为“追随者”，是金牛座的α主星，视星等级为0.86等，呈橙色。“毕宿五”是中国古代的称呼，它是夜空中的亮星之一，据说在全天亮星中排第十三位。

这天夜色清朗，群星闪烁，一弯新月冉冉升起，淡淡的月光洒落在大地上。达·诺瓦拉教授和哥白尼登上教堂塔楼的最高处。

教授叮嘱哥白尼：“我们今晚要观测的，是金牛座中的一等亮星α主星。它的位置在猎户座西附近不远的天区。”

师生俩望着星空,全神贯注地搜寻金牛座中的这颗一等亮星。

“哦,教授,我看见了!就是那一颗橙红色的亮星吧?”哥白尼兴奋地指着猎户座西北方的位置。

“对,就是它!中国人把它叫做毕宿五。”教授点点头。

“为什么叫毕宿五呢?挺神秘的。”

“这不用管它,我们要留意的是它的踪迹。你看见那弯新月了吗?”

“看见了。就像狄安娜女神手里的镰刀,很漂亮哦。”

一弯上弦月朝着这颗橙红色亮星缓缓移过来。

“注意了!”教授说,“看毕宿五怎样被移近的娥眉月掩没。”

两人屏气凝神,耐心地等待着。明亮的上弦月离毕宿五越来越近。

“你看!”达·诺瓦拉喝道。

当毕宿五和月亮相接但还有一些缝隙的时候,在那一瞬间,毕宿五突然消失了。但消失的地方并不在月亮明亮的部分,而是在月亮的阴影部分。

哥白尼和达·诺瓦拉教授对整个观测过程作了详尽的记录。回到屋里,他们根据此次掩星现象的数据连夜进行了计算。他们精确地测定了毕宿五隐没的时间,计算出确凿不移的数据,证明那一些缝隙都是月亮亏蚀的部分,毕宿五是被月亮本身的阴影所掩没的。

结果出来了:月亮距离地球的远近,在亏缺或满月时完全一样,月亮的大小也没有改变。这证明了托勒密的月球理论是错误的。因为按照托勒密的理论,月亮的体积时而膨胀时而收缩,满月是膨胀的结果,新月是收缩的结果。这次“毕宿五掩星”的观测证明了月球的体积并没有缩小,托勒密对月球运行的解释是站不住脚的。

“小伙子,我们成功了!”达·诺瓦拉教授说。

哥白尼禁不住欢呼起来。

哥白尼和老师观测的新发现,很快轰动了欧洲天文学界。哥白尼的名字也

在意大利传开了。哥白尼日后在《天体运行论》中，曾提到这次对毕宿五的观测，是他早期最重要的一次天文观测记录。

帕多瓦大学

paduowadaxue

哥白尼在意大利留学期间，还游历过罗马、威尼斯等城市。

1500年复活节前夕，哥白尼和哥哥安杰伊以瓦尔米亚神甫会代表的身份，到罗马参加罗马教廷的百年盛典。哥白尼目睹了20万信徒向教皇亚历山大六世跪拜的狂热场面，对教皇至高无上的权威印象深刻。他也耳闻了不少教廷的丑闻和各地教会的腐败黑幕，对教会的专制和残酷深有了解。

哥白尼在罗马逗留期间，发生了一起谋杀案件，教皇的儿子恺撒布尔吉亚谋杀了其姐夫。这是罗马教廷的头号丑闻，轰动一时。但慑于教皇的淫威，当时没有人敢公开指责。直到十几年后，德国的宗教改革家马丁·路德才将这桩谋杀案公之于世，引起民众的莫大愤慨。

在罗马期间，哥白尼应罗马大学的邀请，作了有关天文学和数学的演讲，受到热烈欢迎。哥白尼在罗马居住了一年左右，为了弥补留学费用的不足，他担任了一段数学教师。在这段时间内，他进行了一次重要的月食观测，时间在1500年11月6日，地点在罗马近郊的一个小丘上。

1501年初夏，哥白尼兄弟俩回到利兹巴克城堡。7月27日，哥白尼和安杰伊参加宣誓仪式，正式加入弗龙堡大教堂神甫会。按照常规，他们应该穿上长袍进教堂担任神职工作了。不过，瓦兹洛德主教深谋远虑，觉得他们的学业还可以再上一个台阶。在舅舅的支持下，兄弟俩立即请假去意大利继续留学。

弗龙堡大教堂神甫会经过讨论，同意了他们的请求。于是，兄弟俩重新踏上去意大利的旅途。哥白尼转到帕多瓦大学留学，安杰伊去了罗马大学。当时在意大利读研究生很容易转校，并且承认上一个学校的成绩。

这次神甫会给哥白尼的任务是研修医学，学习时间两年，条件是学成后要担任主教和弗龙堡神甫会的专职医生。哥白尼对当年父亲死于瘟疫的惨状一直刻骨难忘，无形中对学医也有了一种使命感。他希望日后不仅为神甫会服务，也能为平民百姓解除患病的痛苦。后来他真的成为弗龙堡一位受人爱戴的名医。

帕多瓦属于威尼斯公国。威尼斯公国是一个强大的共和国，位于亚平宁半岛的东北部，疆土覆盖整个亚得里亚海北部地区，首都在著名的水城威尼斯，经济很繁荣。帕多瓦大学的医学专业当时在欧洲是最有名的，在世界医学史的中世纪篇章里，经常可以看到在帕多瓦大学授业的名医师名字。帕多瓦大学的天文学和法学口碑也很好。帕多瓦大学成立于1222年，原是博洛尼亚大学的一所分校。学校位于意大利美丽的水城威尼斯附近的帕多瓦市，历史仅次于博洛尼亚大学和巴黎大学，是欧洲第三座最古老的大学，学术气氛浓厚。帕多瓦大学的校训是："为全体帕多瓦人民以及全世界的自由而奋斗。"90年后，哥白尼事业的继承者、伟大的伽利略就在这里执教。

帕多瓦大学当时没有单独的医学系，医学专业设在人文系，所以哥白尼是在人文系注册的。开学典礼那天，哥白尼和医学专业的全体学生一道，举行了隆重的宣誓仪式。学子们举起右手，庄严地朗诵著名的"希波克拉底誓言"：

> 仰赖医神阿波罗·埃斯克雷波斯及天地诸神为证，鄙人敬谨直誓，愿以自身能力及判断力所及，遵守此约。凡授我艺者，敬之如父母，作为终身同业伴侣，彼有急需，我接济之。视彼儿女，犹我兄弟，如欲受业，当免费并无条件传授之。凡我所知，无论口授书传，俱传之吾与吾师之子及发誓遵守此约之生徒，此外不传与他人。
>
> 我愿尽余之能力与判断力所及，遵守为病家谋利益之信条，并检束一切堕落和害人行为，我不得将危害药品给予他人，并不作该项之

指导，虽有人请求亦必不与之。尤不为妇人施堕胎手术。我愿以此纯洁与神圣之精神，终身执行我之职务。凡患结石者，我不施手术，此则有待于专家为之。

无论至于何处，遇男或女，贵人及奴婢，我之唯一目的，为病家谋幸福，并检点吾身，不作各种害人及恶劣行为，尤不作诱奸之事。凡我所见所闻，无论有无业务关系，我认为应守秘密者，我愿保守秘密。尚使我严守上述誓言时，请求神祇让我生命与医术能得无上光荣，我苟违誓，天地鬼神实共殛之。

希波克拉底是公元前 5 世纪—公元前 4 世纪的希腊医师，古希腊医学黄金时代的缔造者，被尊为西方“医学之父”。他不仅医术高明，而且首次提出了医生必须遵守的道德规范。这位旷世名医当年在爱琴海的科斯岛创办了一所医学学校，来求学的年轻人很多。每个学生入校时，都要在梧桐树下宣誓，那段誓词就是“希波克拉底誓言”。这一传统延续下来，成为数百年来一直被医生们遵守的道德自律原则，而且它的影响力超出了希腊，扩散到罗马，一直到今天的全世界。

帕多瓦大学的阶梯形解剖教室

中世纪的医学包含着许多神秘的魔法和巫术，宗教凌驾于科学之上。世风不关注尘世间人的生死，而把希望寄托于上天。人们相信生病是天命，甚至是上帝的惩罚。到了哥白尼时代，随着文艺复兴的思想解放，沉睡的医学也开始复苏。人们的医学知识不断增长。以草药为主的民间医学，表现出独特的生命力。不过当时的医学与占星学、天文学的关系很密切，许多人仍相信“星命”对人的健康有影响。有的医生开药方，甚至要按天上星宿的位置来决定。这在今天看来近于荒诞，但在哥白尼时代却很盛行。对于学医的哥白尼来说，这倒成了好事。这正好是他从事天文观测和研究的机会，或者说，是把学习医学和学习天文学结合了起来。

当时的教会已经解除了对解剖尸体的禁令，对人体的研究取得了许多突破性的发现。但教会法规规定，不准神职人员做外科手术，所以从医的神职人员学的都是内科，哥白尼也不例外。

帕多瓦大学设有解剖课，每年进行一次人体解剖示范。这在当时是很难得的，就像重大的节目表演，只有大三的学生才有资格上解剖课。尸体解剖由专门的外科医师操刀，旁边有一位讲师朗诵解剖学的课文，另有一位医学教授负责讲解。如此隆重的示范，让医学专业的学子们大开眼界，增长了不少知识。荷兰大画家伦勃朗有一幅名画《杜普教授的解剖学课》，画的就是学生上解剖课的情景。画面中，七个留着小胡子的学生围着一具尸体，正全神贯注地望着杜普教授。彬彬有礼的教授用手钳夹起尸体的一条臂肌，正在做解说。

那时，为了准确地掌握人体的结构，有的画家也偷偷搞人体解剖。达·芬奇就画了不少人体各部分的解剖图，画得条分缕析，惟妙惟肖。哥白尼听后，很期望有机会拜访一下这位绘画大师。

哥白尼在帕多瓦大学除了攻读医学，他最关注的还是天文学。1503年，哥白尼获得了执业医生资格。在哥白尼的一幅早期肖像中，哥白尼手执一支铃兰花，就是文艺复兴时期医学博士的标志物。

同年5月，哥白尼在附近另一所费拉拉大学获得了教会法学博士学位。选择在该校作博士答辩，主要是为了省钱。如果在帕多瓦大学获取博士学位，要花一大笔费用。昂贵的礼服、隆重的仪式、豪华的宴请，都是必不可少的。加上

哥白尼的早期肖像

一大堆来凑热闹的熟人和朋友，个个都得盛情招待。所有的花销算下来，实在有点招架不住。

而费拉拉大学在一个小镇上，博士答辩不讲究排场，熟人也少，可节省不少钱。但是仪式照样很隆重。

5月31日，博士答辩仪式在费拉拉大学正式举行。哥白尼披着长袍站在讲坛上，宣读自己的论文。他的表情庄重，两眼炯炯有神。

考试委员会主任是个鹤发童颜的老头，他用庄重的语调宣布，尼古拉·哥白尼的博士论文写作规范，逻辑性强，论述精当，是一篇优秀的博士论文。

学位授予人、法学教授莱夫图斯起身，把一本小牛皮封面的精装书递给哥白尼。哥白尼接过书，捧在胸前。

莱夫图斯教授语重心长地说："亲爱的尼古拉·哥白尼同学，希望你把所学的知识永远铭记在心。"

哥白尼朗声答道："谢谢尊敬的莱夫图斯教授，我会永远铭记在心！"

莱夫图斯教授随之又打开精装书的封面，翻到某一页说："亲爱的尼古拉·哥白尼同学，知识的宝库无穷无尽，你的学习也应该永无止境。"

哥白尼回答："谢谢尊敬的莱夫图斯教授，我永远不会满足对新知识的探求和对真理的追求。"

接着，莱夫图斯教授面带微笑，给哥白尼戴上一顶博士四角帽。众人鼓掌祝贺。这时，莱夫图斯教授把一枚象征思想和行为纯洁的博士戒指戴在哥白尼手指上，然后在他的额头上亲吻了一下。礼堂里响起了长久的掌声。

公证人的文件记下了当时的情景，证明仪式的真实性。记录写道：“尊贵的、博学的、来自普鲁士的尼古拉·哥白尼先生——瓦尔米亚的神甫，在博洛尼亚和帕多瓦学习结束，特批准授予教会法学博士学位。无人反对。由上级助理教务主教先生授予。”

这两段经历，使哥白尼既具备了当医生的资格，又成为神甫会里的法学专家。更重要的是，他接受了人文主义思想的熏陶，开阔了视野，为他日后创立“日心说”，开辟天文学的新纪元奠定了坚实的基础。

拜访达·芬奇

baifangdafenqi

在帕多瓦学习期间，哥白尼还前往佛罗伦萨拜访了达·芬奇，是在他获得教会法学博士学位之后，归国之前去的。

达·芬奇是一位思想深邃、多才多艺的艺术家、科学巨匠，又是工程师和发明家，在几乎每个领域都有巨大的贡献。这位大师比哥白尼年长21岁，三年前刚完成传世名画《最后晚餐》。这是他受米兰大公所聘，为米兰圣玛利亚修道院画的一幅壁画，历时三年才完成。画的主题，是耶稣在晚餐时对12个门徒宣布自己被出卖了，而叛徒就在12个门徒之中。画面的那一瞬间定格，极富戏剧性。这幅画使达·芬奇的名望达到了顶峰。作品完成后轰动了米兰，迷倒了每一个前来观看的观众。

达·芬奇

哥白尼登门造访时，达·芬奇刚从意

大利中北部的罗马格拿回到佛罗伦萨。他在那个地方当了一年建筑师和军事工程师，为罗马格拿的最高统治者波吉亚服务。波吉亚是教皇亚历山大六世的私生子，是一个狂妄的军事独裁者，专横跋扈，很难相处。

回到佛罗伦萨，大师的心情好多了。这时，他正在构思绘制被后世称为"神秘的微笑"——《蒙娜丽莎》。

达·芬奇在自己的画室里接见了哥白尼。这间画室兼作实验室，除了素描草稿、画架和琳琅满目的颜料，还有机械模型和许多小鸟、昆虫的标本。

50岁的达·芬奇戴顶黑色圆檐兜帽，留着银灰色长须，半含微笑，气度潇洒。他的鼻梁挺直，皮肤光洁，一对俊目透着机敏和睿智。这时的达·芬奇正当盛年，精力旺盛，如日中天。哥白尼留着齐耳卷发，面颊清癯，如刀刻一般有型，两眼专注有神，表情单纯执著。

哥白尼向达·芬奇请教了解剖绘画方面的问题。

"听说大师画过人体解剖图，我希望能瞻仰一下。"

"哦，都是一些游戏之作，很粗糙。"

达·芬奇打开资料柜，从里面拿出几幅解剖图递给哥白尼。其中有手臂肌肉的解剖图，还有不同方向的头骨解剖。画里的三支手臂肌肉突现，很有力度。哥白尼赞道："大师的画笔力透纸背哦！"

达·芬奇解释说："熟悉人体解剖，是画家的基本功。虽然出发点不一样，和你们学医的做人体解剖可以说是殊途同归。"

"佩服，佩服！"哥白尼说。

"这不算什么。"达·芬奇一笑，从柜底取出一张长34厘米、宽24厘米的钢笔画，像展示宝贝似的摆在哥白尼面前。

他的动作敏捷，说话的速度很快，仿佛总有做不完的事在等着他。事实上，大师的头脑和手脚确实从来没有停止过，他干的事一件接着一件，诸如修运河、解剖尸体、设计火炮、造滑翔机等等。

"这是《维特鲁威人》,我的得意之作。"达·芬奇说。

哥白尼惊奇得睁大了眼睛。画中是一个伸着两臂的男子人体,轮廓优美,肌肉强健有力。男子一头浓密的卷发,面容严肃,两眼直视前方。在画的上下部分, 密密麻麻地写着小字。哥白尼从来没有见到过如此精彩绝伦的人体图。

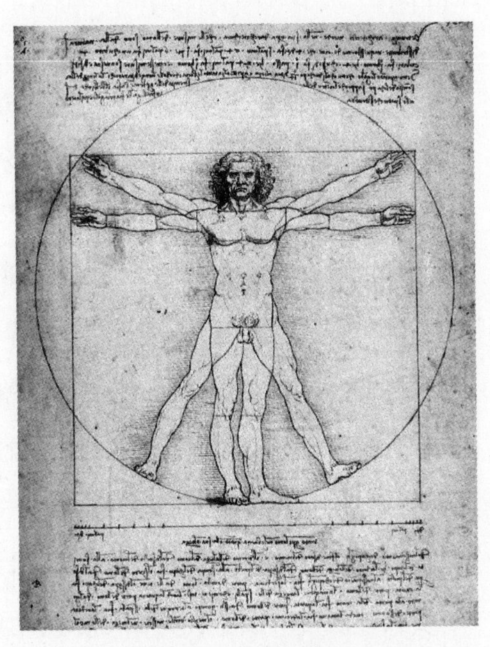
达·芬奇名画《维特鲁威人》

达·芬奇指着画说:"你看, 这人体的中心部位自然是肚脐。如果一个人平躺下来,将手臂和腿脚张开,把圆规放在肚脐上画圆,他两手的手指和两脚的脚趾正好处于圆周上。"

哥白尼叹服。

大师继续说:"你再看,将人的手臂平伸,双腿直立,恰好能画出一个正方形来。"

"真是太妙了!"哥白尼说。

"从建筑学角度看,一座庙宇的各个部分应达到最大的和谐,人体就是一座完美无比的庙宇。"达·芬奇说,"人体是天下最匀称的楷模。"

"我认为,宇宙也应该是和谐的和匀称的。"哥白尼说。

"说得好!宇宙是一个和谐完美的体系,它按照统一的规律在运行。"

达·芬奇点点头,他信口背出一句罗马诗人维吉尔的诗:

"没有什么东西赶得上宇宙的完整,没有什么东西赶得上德性的纯洁。"

两人的话题转到了天文学上。哥白尼谈到对托勒密"地心说"的怀疑和否定态度。哥白尼说:"我一直在思考,托勒密的天文体系与实际不符,地球并不是宇宙的中心。”

“年轻人，我完全赞同你的观点。”达·芬奇说，“我也相信是托勒密搞错了。地球并不是宇宙的中心，而只是一颗绕太阳运转的行星。太阳不动，是地球绕着太阳在动。”

“那大师对月亮有什么看法呢？”哥白尼急不可待地问。

“呵呵，月亮本身并不发光。”达·芬奇笑道，“它看上去这么明亮，实际是反射太阳的光。这正如一个古希腊哲人说的：‘月亮始终瞧着太阳的光线。’我想，如果站在其他星球上看地球，一定也像月亮一样发光，因为它也会反射太阳的光。当然，这只是一种猜想，还需要进一步证明。”

哥白尼大为惊讶，他没有想到艺术大师对天文学新思想了解得如此透彻。

“大师说得对极了！”哥白尼激动地说，“我的最大希望，就是要推倒已经过时的托勒密学说，建立一个崭新的天文体系。”

达·芬奇朝他竖起大拇指，幽默地说：

“来自波兰的青年天文学者，预祝你开辟天文学的新时代哦！”

“不过，托勒密体系有教廷作强大后盾，要撼动它并不容易。”哥白尼说出自己的顾虑。

达·芬奇鼓励哥白尼要坚信科学。他对哥白尼说：“罗马教廷不过是一个贩卖欺骗的店铺。真理只有一个，它不在宗教之中，而在科学之中。”

达·芬奇的话对哥白尼是巨大的鼓舞，他对建立一个新的宇宙理论体系，更加坚定了信心。

酝酿新说

yunniangxinshuo

根据哥白尼的传记和有关的资料，哥白尼“日心说”理论的雏形，就是在意大利留学期间酝酿形成的。

哥白尼素描像

在这期间(1496年-1503年),哥白尼学习掌握了希腊文。在达·诺瓦拉教授的建议和指导下,哥白尼研读了大量没有译成拉丁文的古希腊哲学原著和天文学典籍,为"太阳中心学说"寻求参考资料。

哥白尼几乎读遍了能够弄到手的各种文献,他在克拉科夫大学发现的托勒密的漏洞,此时更加暴露无遗,而古代哲人一些充满活力的新观念却脱颖而出。哥白尼后来写道:"我愈是在自己的工作中寻求帮助,就愈是把时间花在那些创立这门学科的人身上。我愿意把我的发现和他们的发现结成一个整体。"

哥白尼在钻研古希腊典籍的时候,一些大胆的见解给了他启发:

——大部分学者都认为地球静止不动,但是毕达哥拉斯学派的菲洛劳斯却认为,宇宙的中心是一团永不熄灭的火,球形的地球同太阳、月亮一样,在一个倾斜的轨道上绕着这团火运动。

——200年后,希腊学者阿里斯托克进一步指出,太阳是宇宙的中心,地球围绕着太阳运行。阿里斯托克认为,地球在绕轴自转的同时,又每年沿圆周轨道绕太阳一周,太阳和恒星都不动,行星则以太阳为中心沿圆周运动。为了解释恒星没有视差位移,他正确地指出,这是由于恒星的距离远比地球轨道直径大得多的缘故。阿里斯托克的见解富于革命性,但因超前时代太远了,无法得到一般人的承认。

——天空、太阳、月亮、星星以及天上所有的东西都站着不动,除了地球以

外,宇宙间没有什么东西在动。地球以巨大的速度绕轴旋转,这就引起一种感觉,仿佛地球静止不动,而天空却在转动。

——在行星的中心站着巨大而威严的太阳,它不但是时间的主宰,是地球的主宰,而且是群星和天空的主宰。

这些古代学者提出的"日心地动说"与托勒密的"地心说"观点完全相反,在当时被认为是"离经叛道"的,但是对哥白尼来说,却好比是夜航中的灯塔,照亮了他前进的方向。

哥白尼发现,如果采用"日心地动说"的观点,诸如行星逆行等现象就完全能解释了,根本用不着托勒密那一大堆复杂繁琐的"轮子"。

所谓"行星逆行"现象,是指行星在天球背景(恒星)上的视运动(相对于地球而言),自东向西移动称为"逆行",自西向东移动称为"顺行"。行星大多数情况下在天球上是顺行,小部分时间是逆行,这是由于地球和我们所指的行星都围绕太阳公转,而其公转周期又不相同,对地球上的人而言,看到的行星相当于是这个行星在天球上的投影。行星逆行在古代被认为是"凶"的天象。《三国演义》第三十回官渡之战,有一段写戴罪之将沮授被袁绍拘禁在军中,是夜因见众星朗列,乃命监者引出中庭,仰观天象。忽见太白逆行,侵犯牛、斗之分,大惊曰:"祸将至矣!"这里的"太白逆行",指的就是金星逆行。

当时已知金木水火土五个行星都有逆行现象。要解释行星逆行的原因,托勒密的地心说体系提出了复杂的本轮—均轮系统,但轮子叠了一大堆,仍然没有说清楚。

为什么"日心地动说"能圆满解释"行星逆行"的现象呢?卞毓麟先生在《追星——关于天文、历史、艺术与宗教的传奇》一书中,作过通俗易懂的解释。

卞先生形象地说:

日心体系毫不困难地解释了行星逆行的原因。例如,我们来考虑地球和火星,它们仿佛在绕着太阳赛跑。地球离太阳较近,跑的是内

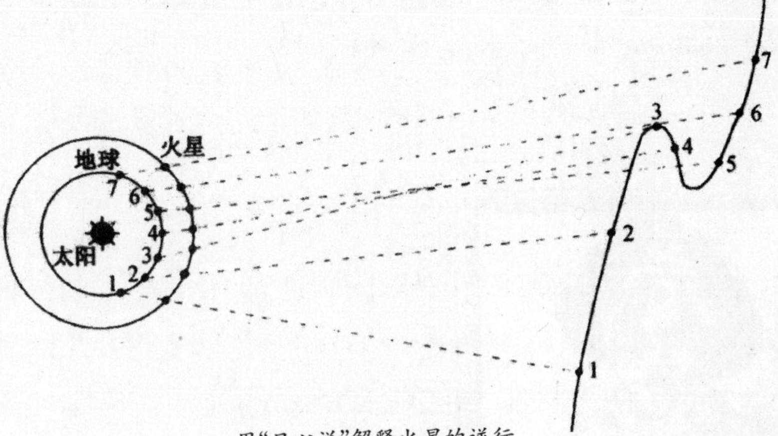

用“日心说”解释火星的逆行

圈，约 365.25 天；火星离太阳较远，跑的是外圈，约 687 天跑完一圈。设想地球和火星一同起跑，那么当地球跑完一圈回到起点时，火星才跑了半圈多些。过了一些时候，地球再次赶上并超过火星。这种情况每 780 天发生一次。

当地球赶上并超过火星时，在地球上的观测者看来，火星就好像后退了。正如两辆汽车沿同一方向前进，当开得较快的那辆超过另一辆车时，在快车中的乘客看来，较慢的那辆汽车仿佛就在后退。原来，火星逆行的成因竟是这么简单！

KEXUE JUREN DE GUSHI

向托勒密宣战

学成归国

xuechengguiguo

1503年深秋，29岁的哥白尼结束了在意大利的学业，回到祖国波兰。

哥白尼留学七年所接受的教育，在当时是很少有人能达到的。他学习了神职人员所需要的神学和哲学，获得了教会法学博士学位，同时还掌握了拉丁文，能说会写，并能熟练地阅读希腊文原著。他研读了大量罗马和古希腊的经典著作，包括哲学、数学和天文学典籍，了解到希腊人在这方面的最高成就，为他创立新的宇宙体系提供了宝贵的借鉴。在帕多瓦大学，他还学到当时的医学知识，获得做一个医生所必需的专业训练和行医资格。所有这些，使哥白尼成为那个时代最优秀的知识分子。

哥白尼学成归来，舅舅瓦兹洛德主教非常高兴。当初安排哥白尼去意大利学教会法规和医学，就是为了服务于教会和国家。哥白尼是以神甫的身份派出留学的，瓦尔米亚神甫会资助了他的学费。现在瓦尔米亚教区正处在内外交困、亟需用人之际，哥白尼立即投入神甫会的工作。神甫会由16位神甫组成，协助主教管理教区。当时实行的是“政教合一”的制度，主教同时也是瓦尔米亚地区的最高行政长官，权力很大，教务和政务非常繁重。哥白尼被任命为瓦兹洛德主教的秘书、顾问兼保健医生，协助舅舅的日常管理工作。

瓦尔米亚教区的主教官邸设在利兹巴克城堡，这是一座漂亮的要塞。城堡坚固如磐，四周围着护城河，只有通过吊桥才能进入城堡内部。要塞位于风景如画的韦纳河畔，透过城堡宽大的窗户，可以望见波光粼粼的河水静静流过。城堡里面有小教堂、图书馆和餐厅。庭院周围是两层围廊，主楼的二层楼上住着主教和随从人员。哥白尼的房间就在主教卧室旁，房内的布置简朴舒适。

哥白尼回来的时候,瓦尔米亚正处在困难时期。

瓦尔米亚教区占地面积约5000平方千米,自古就属于波兰。13世纪时,瓦尔米亚屡遭条顿骑士团入侵,最后几乎全部被条顿骑士团占领,成了普鲁士的一部分。15世纪中叶,波兰和条顿骑士团之间爆发了一场历时13年的战争。最终波兰军队大获全胜,在哥白尼出生七年前,即1466年,交战双方在托伦签订了停战协定。根据和约,瓦尔米亚重新并入波兰。这个地区此后被称作王属普鲁士,直接受波兰国王管辖。普鲁士东部地区称为普鲁士公国,为条顿骑士团的势力范围。普鲁士公国再往东,就是立陶宛。王属普鲁士的范围相当大,包括从前的格但斯克沿海地区(覆盖维斯瓦河入海口)、海乌姆诺地区(包括托伦城和海乌姆诺城)以及维斯瓦河东部流域(包括马尔堡、埃尔布隆格),土地总面积为24000平方千米。

瓦尔米亚教区是王属普鲁士最大的主教区,具有一定的自治权。在16个神甫组成的神甫会协助下,由主教来管理。为了防止教区受到条顿骑士团的控制,瓦兹洛德制定了一条法律,不准骑士充当神甫,否则神甫会的大权落入他们手中,主教便要受其挟制了。1489年利兹巴克神甫会选举瓦尔米亚教区的新主教,国王卡齐米日·雅盖洛齐克很想安插儿子弗里德里克王子。但神甫会最后一致推选瓦兹洛德当主教,这让国王很不高兴。瓦兹洛德主教上任后,与国王发生过若干误会和纠葛,亏得卡里马赫从中斡旋,才渡过难关,化解了不少矛盾。直到卡齐米日·雅盖洛齐克晏驾,新国王亚历山大·雅盖洛齐克登基,主教与国王的关系才得以缓和。由于这个历史原因,瓦尔米亚教区的处境和局势非常复杂,一方面要随时警惕条顿骑士团的骚扰侵犯,另一方面还要小心处理同波兰国王的臣属关系,常常是在浴血厮杀里求生存,在政治夹缝中求发展。因为条顿骑士团并不甘心失败,经常在瓦尔米亚周边挑起事端,引起战争。要缓解危机,瓦尔米亚教区必须加强同波兰本土的联系,争取得到波兰国王的强力支持。

哥白尼上任的第一天,舅甥俩进行了一次推心置腹的谈话。

舅舅看上去老了不少,眼角多了几条皱纹,脸上略带疲惫之色。多年来,瓦兹洛德主教凭着杰出的行政能力、圆熟的政治手腕,加上强悍的个性,游走在权利的钢丝上,艰难地维护着瓦尔米亚教区的自治和各个阶层的权益。

“你回来的正是时候。”瓦兹洛德主教欣慰地说。

“我听说了,条顿骑士团仍然很猖狂。”哥白尼说。

“条顿骑士团亡我之心从来没有死过。那些刽子手经常来瓦尔米亚骚扰,老百姓恨死他们啦!”

“瓦尔米亚教区一面临海,三面都处在条顿骑士团势力的包围中,形势对我们不利,压力够大的了。”哥白尼分析说,“取得波兰国王的支持,对我们非常重要。”

“你说得很对,孩子。我们是在夹缝里求生存,波兰国王的态度对我们来说至关重要。你到意大利留学七年,见多识广,以后多帮我出出主意。”

“当年我听卡里马赫先生说过,他和您共同拟定了一个计策,建议波兰国王施加压力,把条顿骑士团的领地移到东边的瓦拉几亚去。”

“这的确是个良策,可惜卡里马赫突然去世,计划也就夭折了。骑士团后来得知了这个计划,对我恨之入骨。”瓦兹洛德主教说,骑士团还到罗马教皇那里散布了许多对他不利的坏话。

“任他们去造谣好啦!反正我也不想升大主教。”瓦兹洛德在教会里的升迁,的确受到影响。

瓦兹洛德还告诉哥白尼,瓦尔米亚教区的财政状况也面临困境。波兰国王给予了瓦尔米亚发行货币的特权。但是波兰本土的货币与瓦尔米亚的货币没有正式确定比价,两种货币混用,导致市场紊乱,影响了瓦尔米亚的经济发展。更严重的是,条顿骑士团首领大量制造假币,把含金量不足的伪金币投放市场,排挤了在托伦制造的正规货币。

“现在市场上劣币盛行，真币却被人藏之不用，造成了更大的金融混乱。”瓦兹洛德主教无奈地说。

“金融和经济是教区的命脉，主教大人一定要采取有效的措施，解决这个问题。”哥白尼建言。

“你也帮我想想办法。”

“我一定会竭诚效力。”

“这我就放心了！”

主教的臂膀

zhujiaodebibang

哥白尼到任后，积极替舅舅出谋划策，建议邀请波兰国王亲临瓦尔米亚教区，接受瓦尔米亚的臣民宣誓效忠。瓦兹洛德主教采纳了哥白尼的建议。

1504年2月，主教派哥白尼回托伦进行筹备。

4月2日，托伦迎来了波兰国王亚历山大·雅盖洛齐克和王后。国王从托伦开始视察瓦尔米亚地区，具有特殊的意义。一百年前，波兰国王同条顿骑士团在格伦瓦尔德决战，取得重大胜利。双方在托伦签署了有名的《托伦和约》。半个世纪后，条顿骑士团再次侵扰瓦尔米亚地区，托伦人和其他城市的市民，掀起了反抗条顿骑士团的斗争。哥白尼的外公乌卡什·瓦兹洛德当时是托伦市的市议长，参与了筹备反条顿骑士团的起义，并亲自参加了战斗。他们向波兰国王即亚历山大·雅盖洛齐克的父亲卡齐米日提出请求，希望他能解放被条顿骑士团占领的地区，于是，1453年爆发了长达13年的战争。1466年，战败的条顿骑士团被迫在托伦签订了第二个《托伦和约》，同意把沿海地区很大一部分划归波兰管辖，瓦尔米亚重新回到波兰的怀抱。当年，老雅盖洛齐克国王在托伦接受了瓦尔米亚各界代表的宣誓效忠。

这次亚历山大·雅盖洛齐克国王莅临托伦，重温了父王的战果和辉煌。而迎接他的主教瓦兹洛德，恰好又是当年功臣乌卡什·瓦兹洛德的后代，这历史的巧合更增添了喜庆的气氛。也因为这层关系，国王对瓦兹洛德主教和哥白尼另眼相看，恩惠有加。

4 月 29 日，瓦尔米亚各界代表向亚历山大·雅盖洛齐克国王宣誓效忠。

5 月 4 日，在托伦城广场举行了托伦市行政官员、贵族、市民阶层和瓦尔米亚地区执政官宣誓效忠的隆重仪式。国王宣布，在王属瓦尔米亚教会国与条顿骑士团的问题上，一定做瓦尔米亚的坚强后盾。广场上一片欢呼。

5 月 12 日，在瓦兹洛德主教和哥白尼的陪同下，国王和王后开始巡视整个瓦尔米亚地区。所到之处，受到老百姓的热烈欢迎。瓦兹洛德主教和哥白尼陪同国王和王后巡视各地，增强了王室的信任。年轻的哥白尼也展现出政治活动家的一面。

在巡视期间，国王特地接见了哥白尼。国王身穿锦袍，头戴金冠，面容高贵慈祥。他同哥白尼就立法改革、占星学和一些法律问题进行了亲切交谈。国王还问起哥白尼有关天文学的研究情况，大概国王听说过他在博洛尼亚大学的天文观测成绩。

“听说你在天文学界名声不小哦！”国王问他。

“陛下过奖了。我只是兴趣所至，做了些天文观测而已。”

“毕宿五究竟是颗什么星啊？让这么多人注目。”

“它就是金牛星座的 α 星，是一颗很亮的星，橙红色，据说在全天亮星中排在第十三位。”

“哦，它有什么神奇的地方吗？”

“其实它只是观测的一个参照物，我们的目标是月亮。”哥白尼回答。

“发现月亮的什么奥秘了吗？”国王的兴趣也来了。

“按照先圣托勒密大师的学说，月亮的体积有胀有缩。”哥白尼解释道，

"满月是膨胀的结果,新月是收缩的结果。"

"是呀,都是这么说的。"国王点点头。

"可是诺瓦拉教授和我的观测发现,毕宿五在新月靠近还有一些缝隙时,突然就不见了。"

"喔,突然消失啦?"国王半信半疑。

"是的,陛下,它消失得无影无踪。"

国王若有所思。

"实际上,是月亮把它遮住了。"哥白尼说出了关键。

"爱卿的意思,是说毕宿五躲到月亮背后去了?"

"陛下的断定太英明了。"哥白尼恭维了一句,"我们经过计算,证明了那一些缝隙是月亮亏蚀的部分,毕宿五是被月亮本身的阴影遮住的。"

"这就是说,月亮的体积并没有收缩?"

"陛下的结论太对啦!"

哥白尼本想说"这说明托勒密的观点是错的",但话已到嘴边,他瞥见瓦兹洛德主教在使眼色,于是忍住了。

"看来天文学还有点学问啊!"国王说。

国王的话给哥白尼留下了许多联想。

在随后的岁月里,哥白尼积极参加了瓦尔米亚地区的政治活动。他经常以助手或私人代表的身份,随瓦兹洛德主教出席重要的市政会议,参加外交谈判,审理司法案件,讨论教会改革。这些活动使哥白尼得到了很大的锻炼。

除了协助主教处理许多棘手而又复杂的问题,哥白尼还给舅舅提出一些其他方面的建议,包括对条顿骑士团采取强硬措施;统一瓦尔米亚的货币铸造,制止货币发行的混乱状况;在托伦建一所高等学府,解决许多瓦尔米亚青年无力到外地上大学的问题,等等。这些建议都得到主教的采纳。

在瓦兹洛德主教主持的一次重要的市政代表会上,详细讨论了货币问题。

会议做出决定，限制条顿骑士团和其他投机者伪造的大面值货币流通，并严禁金匠铸造这种货币。哥白尼出席了这次会议，对会议的决定非常赞成。后来，哥白尼花了大量精力研究货币问题，提出了一个货币改革方案，首次提出了著名的“劣币驱逐良币定律”。

哥白尼担任瓦兹洛德主教的保健医生后，充分发挥了在帕多瓦大学学医的专长，把主教的健康调理得很好。哥白尼很快成为瓦尔米亚最有名气的医生。许多知名人士慕名来利兹巴克城堡求医，包括海乌姆诺主教蒂得曼·吉斯、瓦尔米亚主教继承人法比安、著名人文主义学者扬·丹蒂谢克等人。

哥白尼乐意为所有患者治病，不管来看病的是贵人还是平民百姓，他始终遵循希波克拉底的誓言，把治病救人当做医生的天职。他尤其关心穷人的疾苦，免费为他们看病，有时还主动送药给他们，所以他的口碑很好，名声远播到瓦尔米亚教区之外。

普鲁士公国的大公阿尔布雷希特，曾多次把哥白尼接到柯尼斯堡替他治病。甚至连条顿骑士团的前任大公，也请哥白尼看过病，可见哥白尼的名气之大。普鲁士大公还向瓦尔米亚神甫会郑重提出，要用重金聘哥白尼给他做保健医生。自然，神甫会婉言谢绝了他的请求。瓦兹洛德主教也不会同意。

哥白尼看病这样受欢迎，并不意味着他是个神医。当时很多人相信巫术，得了病就找巫师来驱邪避魔，乱跳一通，病肯定好不了。再不然就去求教占星学家，听他们对着天空胡诌一通，那两颗星宿相克了，如此等等。这种疗法的治愈率肯定高不了。哥白尼不过是采用当时的医学专业知识看病，他依靠的是科学和临床经验，所以治愈率比别人高。

实际上，当时的医学还比较落后，人体血液循环都没有弄清楚(一个世纪后，英国人哈维才发表了《心血运动论》)，医师治病大量使用草药，有点像我们古代的中医。甚至有人说，当时的医师实际上就是调配草药的人。这话也许夸张了点。不过，那时欧洲人用的药物确实古怪，诸如蝙蝠翅、蜘蛛网、羊血、兽角等都可以入药。哥白尼还使用了一些民间偏方。他在笔记本上记录了好些验方和药物性能，例如：“为了使患者加速排便，外用药比内服药效果好，必须注意排便的规律性。”哥白尼还记录了用松节油可以治坐骨神经痛，还有治疗脱发、肾结石的药物配制方法等等。

安杰伊从罗马留学回国后，也在神甫会任职，时间比哥白尼晚一些。安杰伊后来不幸染上了一种怪病，症状像麻风病。哥白尼想尽办法医治，都不能减轻安杰伊的痛苦，最终也没有治好哥哥的病。这是他的一大遗憾。

历史学家发现，虽然哥白尼治好了许多病人，但他从来没有撰写过医学论文。显而易见，哥白尼的志向是天文学家，不是医学家。

创立一个新的宇宙体系是他终生追求的理想。

与舅舅冲突

yujiujiuchongtu

从 1503 年到 1510 年的七年间，哥白尼先后担任了瓦尔米亚神甫会视察员、主教的秘书和顾问。虽然他的教俗公务非常繁忙，但哥白尼始终没有中断天文学研究。在夜晚余暇时，他常常仰望星空，用自制的象限仪、三弧仪等仪器做观测记录，并反复地进行计算核对。

所以那次国王问起他天文学的研究情况时，哥白尼格外兴奋。

他当然不会贸然回答说，“托勒密体系已经无可救药了”。但他的心中正在暗暗构筑着一座新的天文学大厦，这就是日后大放光芒的“太阳中心说”理论。

1506 年 8 月，国王亚历山大·雅盖洛齐克意外去世。他的死在利兹巴克城堡引起了不小的震动，瓦尔米亚各界痛感失去了一位可信赖的统治者。对瓦兹洛德主教来说，则是失去了一位从青年时代就熟识的朋友。

年底，哥白尼随瓦兹洛德主教到首都克拉科夫，参加了新国王齐格蒙特·

斯塔雷的加冕仪式。这位40岁的王位继承人是亚历山大·雅盖洛齐克国王的弟弟。人们无法预料这位新国王会如何行事，尤其担心亚历山大·雅盖洛齐克国王的承诺和给予瓦尔米亚的特权，能否继续执行。可以说，对新国王，大家是希望和顾虑并存。后来的事实表明，齐格蒙特·斯塔雷是一位英明的君主，他登基之后继承了几代国王的遗志，励精图治，崇尚人文，揭开了波兰历史的新篇章。

在克拉科夫逗留期间，哥白尼拜访了母校，同昔日的老师、同学畅谈天文学和哲学问题，大家对传统天文学面临的危机做了深入的讨论。这时主持天文学教学的是新来的玛尔卿教授。他对哥白尼关于宇宙体系的新想法十分欣赏，鼓励哥白尼拿出成果来。他还邀请哥白尼和几个学生一道进行了一次巧逢的月食观测。

从克拉科夫回到利兹巴克城堡，哥白尼不禁心潮澎湃。他想把多年来酝酿在心中的新宇宙体系雏形勾画出来，这需要宝贵的时间和精力。哥白尼把这个想法告诉了舅舅瓦兹洛德主教，希望得到舅舅的理解和支持。

从读中学开始，舅舅就对哥白尼倾注了大量心血。他的目标是把这个外甥培养成为一个博学的神甫、教会法专家、受人尊敬的医生和政治活动家。在他的悉心培养和安排下，这些都实现了。舅舅的最终目标，是要让外甥接自己的班，成为克拉科夫教区未来的主教。他没想到哥白尼的理想却在遥远的星球上，而且竟然要推翻教会维护的托勒密宇宙体系！

"不行。你这是不务正业，而且很危险！"舅舅强烈反对。

"托勒密的宇宙体系貌似至高无上的权威，实际上是漏洞百出，只不过没有人公开向它发难罢了！"哥白尼说。

"所以你就要当这个出头的人？"舅舅反问他。

"舅舅您是知道的，我的理想是要创立一个崭新的宇宙体系。我是在探索真理。"哥白尼辩解说。

“你知不知道,你这是在向正统的教义宣战?”主教警告他说。

“我知道。”哥白尼承认。

“既然你知道,那就不能干这种离经叛道的蠢事了!”

舅甥俩谈崩了。舅舅对哥白尼的“叛逆”思想深感忧虑,他担心这会断送哥白尼的前程,甚至招致教会的严厉惩罚。

哥白尼的心情也很矛盾。他对舅舅从来都是爱戴和尊重的,但是他不愿背弃自己的信仰。

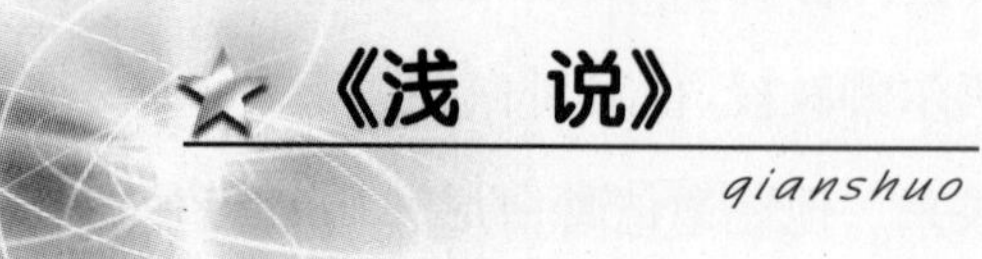

《浅说》

qianshuo

舅舅的苦心规劝,并没有改变哥白尼的决心。1507年春天,哥白尼开始撰写他的第一篇天文学论文。这实际是哥白尼“日心说”的一个提纲。

《浅说》,全名《浅说关于天体运动的假设》,经过三年的努力,这篇用拉丁文写的论文于1510年底完成。舅舅的忠告显然起了作用,哥白尼采取了谨慎的做法。他把《浅说》手抄了若干份,寄给少数朋友和自己熟悉的天文学家,而未敢刊印成册。这篇论文开头的一句话是:“尼古拉·哥白尼浅说自己提出的关于天体运动的假设”,所以论文的名字被简称为《浅说》。

在这篇用书信体写的论文中,哥白尼阐述了自己关于天体运动学说的基本思想:“所有的天体都围绕着太阳运转,太阳附近就是宇宙中心的所在。地球也和别的行星一样绕着圆周运转。它一昼夜绕地轴自转一周,一年绕太阳公转一周。”这种地球自转和公转的观点,在当时可以说是惊世骇俗的,它打破了统治一千余年的亚里士多德的传统观念。在论文中,哥白尼首先对早年观测到的行星运动的不均匀现象提出了疑问,并指出,用托勒密的本轮、均轮和偏心圆观念很难圆满解释,必须另辟蹊径。

哥白尼明确提出,天体的运动必须满足以下七个原则:

1. 不存在一个所有天体及其轨道的共同中心。

2. 地球并不是宇宙的中心,它只是引力中心和月球轨道的中心。

3. 所有天体都绕太阳运转,宇宙的中心在太阳附近。

4. 地球到太阳的距离同天穹高度之比,如同地球半径同地球到太阳的距离之比一样,是微不足道的。

5. 天穹周日旋转的视现象,是由于地球绕其自转轴每天旋转一周而产生的。

6. 太阳运动的一切现象,都不是它本身运动产生的,而是地球及其大气层的运动引起的。

7. 人们看到的行星向前和向后运动,是由于地球运动引起的。地球运动的本身造成了人们的观测错觉。

接着,哥白尼描述了太阳和月球的视运动,以及土星、木星、火星、金星和水星的视运动。在《浅说》的结尾,哥白尼生动地写道:"这样,水星总共沿 7 个圆运转,金星沿 5 个圆运转,地球沿 3 个圆运转,月球围绕地球沿 4 个圆运转,而火星、木星和土星各沿 5 个圆运转。于是,总共 34 个圆就足以说明整个宇宙的构造和行星所跳的全部舞蹈了。"

以上的七个原则,阐述了哥白尼"日心说"的基本思想。

哥白尼在《浅说》中抨击了托勒密的理论,向这位雄踞天文学一千多年的权威发起了挑战。托勒密认为地球是宇宙的中心,所有天体,包括太阳都围绕地球运转。这一抨击同时也是对以托勒密地心说为基础的世界观和哲学体系的抨击。可以说,《浅说》是哥白尼学说的第一块基石。

虽然哥白尼寄发的《浅说》数量有限,但它的内容很快就传遍了欧洲。

不过,学术界的反应各异,没有引起多大轰动。哥白尼提出的"日心说"观点,赞同的学者并不多,更多的人采取了不置可否的态度。这也难怪,《浅说》只

Nicolai Copernici de Hypothesibus motuum Coelestium à se constitutis Commentariolus

哥白尼《浅说》,16世纪手抄本(斯德哥尔摩瑞典皇家科学院藏)

摆出了新观点,没有提供充分的证据。从这个意义上说,《浅说》在当时起到的作用,只是一篇“日心说”的宣言书,一个伟大新学说的探空气球。人们听说了,看见了,但并没有信以为真,毕竟托勒密的“地心说”统治了一千多年呢!

这让哥白尼有些失望,他本以为会一炮打响的。

不过追捧的人还是有的。哥白尼大学时代的朋友瓦夫日涅夫,在一篇文章中赞叹哥白尼道:“他注视着月亮的迅速转动,注视着太阳和星星,并且描绘它们在巨大天空中的轨迹,描绘天空这个杰出的、万能的造物主的形象以及各种天象形成的原因。最令人吃惊的是他会解开天体运行的规则。”

据说在波兰著名历史学家梅霍夫的私人宴会上,应众人的邀请,哥白尼即席披露了《浅说》的主要内容。

他的演说获得了年轻人的一片喝彩。

“嗨!这真是新奇的见解、大胆的学说。所有的行星都绕着太阳旋转,太阳是宇宙的中心!了不起。”

“哥白尼竟然把地球从它的中心地位推开，塞到了别的星球中间。这真是让人耳目一新，振聋发聩呀！”

“呵呵，托勒密先哲要是地下有知，恐怕会恼羞成怒啊！哥白尼是谁哦？竟敢和老夫唱对台戏……”

“嘿嘿，那老家伙说不定会哭鼻子。哎呀，这个哥白尼太犀利啦……”

大家哄堂大笑。笑完之后，梅霍夫提出一个问题：

“如果地球不停地自转，而且转得又快又猛，那地球上不早就天翻地覆、人仰马翻啦？”

“不会的。”哥白尼解释说，“地球上的万物，连同河水、空气和飞鸟都随着地球一起运转。”

“哦！是这样哟……”

哥白尼谦逊地说：“关于宇宙的结构，我知道得还很有限。我的《浅说》只是宇宙新体系的一个提纲，我愿用毕生的精力去充实它，丰富它。谢谢大家的支持！”

哥白尼认识到，《浅说》中的论断是以假设方式提出的，尚缺乏令人信服的足够证据。而且他的宇宙模型所用的数据，大都取自前人的著作，采用的是当时通行的行星星历表《阿尔芳梭表》，不是自己亲自观测的结果。这个星历表是西班牙国王阿尔芳梭十世1252年组织人编写的。哥白尼打算经过充分的准备，再着手撰写一部更为完整、更为成熟的天文学论著。经过艰苦卓绝的不懈努力，30年之后他终于在《浅说》这块基石上建起宏伟的理论大厦。

哥白尼对舅舅始终怀着深切的爱。为了化解同舅舅的矛盾，同时表达自己对舅舅的感恩之情，他利用业余时间，把舅舅喜欢的拜占庭作家泰奥菲拉克特·西莫卡塔的名著《道德、田园与爱情信札》翻译成拉丁文，其内容涉及广泛，文采隽永，有田园风光、风土人情，也有明快的闲情逸趣。这本精装的集子于1509年出版。据说这是在波兰印刷的第一本由希腊文译成拉丁文的作品，具有珍贵的收藏价值。哥白尼把它作为礼物送给敬爱的舅舅，并附上一封感情真挚的信。他在信中写道：

尊贵的瓦尔米亚主教瓦兹洛德先生：

最值得尊敬的先生和祖国之父，我由衷地感到……这里收集的全是内容丰富的精彩作品。对于描写风俗习惯和田园风光的作品，人们一般不会有疑虑；而描写爱情的作品，虽然从题材看是轻松愉悦的读物，而实际上写得还是很含蓄的。这些作品其实也应该归入风土人情一类。这就好似良医用来缓解药物苦味的糖一样……

为此，认为只有希腊人才能读这本书那是不公道的。懂拉丁文的人对这本书了解太少，于是我尽力把它译成拉丁文。最值得尊敬的先生，我向您奉上这个小小的礼物，不成敬意，这同您的恩惠是无法相提并论的。然而，每当我付出努力或我的微薄能力得到什么成果的时候，我总是想，这一切都应该归功于您。

舅舅瓦兹洛德主教收到这个礼物，感到很欣慰。舅甥俩的矛盾完全化解。不过舅舅的身体每况愈下，主持教区的时日已经不多了。他在心里默默为哥白尼祈祷，希望他继承家族的英雄传统，为了祖国的自由和瓦尔米亚人民的祥和幸福作出贡献。

KEXUE JUREN DE GUSHI

弗龙堡观测台

弗龙堡的管理者

fulongbaodeguanlizhe

1510年秋天，哥白尼离开主教官邸——利兹巴克城堡，迁居到神甫会所在地弗龙堡。他此后在这里度过了长达30年的岁月。

哥白尼离开主教官邸的原因，说法不一。有的说是因为哥白尼与舅舅观点不和，对教区管理和改革意见有分歧。也有的说，哥白尼希望摆脱政治的羁绊和官场的险恶，选择了僻静的弗龙堡，以便集中精力进行天文学研究。两种说法都有可能，相信后者的成分更多一些。弗龙堡是神甫会所在地，哥白尼到弗龙堡就职也是顺理成章的事。他肯定和舅舅达成了默契，舅舅尊重了他的选择。

弗龙堡距利兹巴克约70千米，北临波罗的海，是座宁静的海滨小城。但它却因为哥白尼的到来，后来成了彪炳世界科技史册的胜地而名扬四海。

巍峨的弗龙堡大教堂矗立在城中心的高地上，从那里可以鸟瞰维斯瓦河入海口的景色。在高地四周筑有高大坚固的城墙。城墙外是居民住宅，当时大约有2000人。城堡内除了教堂，还倚墙修了神甫的宿舍、库房等生活设施。哥白尼在弗龙堡定居以后，花钱买下了城墙西北角的一座塔楼。这座塔楼本来是作战用的防御工事，典型的北欧风格，简约坚固。塔楼共有三层，楼顶为倾斜的三角形，几乎伸到围墙的外边。

塔楼最上层有三个窗口，并有门通到城墙的平台上。从最上层的窗口可以向四面八方观测天象，那里成了哥白尼的工作室。哥白尼对塔楼内部作了改建，下面两层是卧室和书房。他在三层安装了许多简易的天文观测仪器，包括三弧仪、象限仪和三角仪等，这里就成了哥白尼的天文观测台。

再也找不到比塔楼更理想的小天地了，哥白尼在这里生活和研究，直到去世也没有换过地方。哥白尼利用自制的仪器，进行了有记录可查的50多次重大观测，其中包括日食、月食、火星、金星、木星和土星的方位等等。哥白尼的皇皇巨著《天体运行论》，也是在这里完成的。

弗龙堡的"哥白尼塔"

为了纪念他，后人把这座塔楼称为"哥白尼塔"。这块天文圣地迄今保存完好，塔顶层悬挂着哥白尼的油画像，哥白尼当年使用的书桌和仪器都在，供来自世界各地的游客参观瞻仰。

哥白尼到弗龙堡后，被神甫会委以重任，先后担任了神甫会视察员、共同财产管理人、专员以及瓦尔米亚教区的行政总管。哥白尼当时负责掌管神甫会的两大庄园奥尔什丁和皮耶宁日诺，地产遍布119个村庄，除了森林与湖泊，土地总面积多达6万多公顷。此外还有两座城堡的日常管理，包括城堡防御工事的维护，都是他的职责。他的权力很大，可以决定管辖地的赋税征收、庄园管理人的任免以及农民生产的各种问题。哥白尼恪尽职守，兢兢业业，受到神甫会的充分信赖。大家看到的哥白尼，并不是一个在专心研究宇宙之谜的天文学家，而是一位虔诚的神职人员、一个得力的神甫会财产管理人，同时还是一名医术高明的医生。哥白尼不仅为神职人员和达官显贵看病，还经常走访教区的老百姓，为他们医病，对穷苦病人分文不取，深受民众的爱戴。教区老百姓都尊称他为"阿斯克勒庇俄斯第二"。

阿斯克勒庇俄斯是太阳神阿波罗的儿子、希腊神话中的医疗之神。在神话里，阿斯克勒庇俄斯手执一根蛇杖，象征着医疗。这根蛇杖的木杖代表人的脊椎骨，缠绕着木棒的蛇象征着恢复和更新，因为蛇每年都要蜕皮。有意思的是，阿波罗儿子的这个蛇杖标志一直延续至今，包括世界卫生组织等许多现代医学机构都以它作为标志。

虽然公务非常繁忙，哥白尼从来没有停止天文学的研究工作。他日复一日地在“哥白尼塔”里进行着天文观测。即使他在驻守奥尔什丁堡期间，也利用简易的仪器做了大量天文观测。这些观测资料，后来成为他撰写《天体运行论》的珍贵数据。

“哥白尼塔”内的书房

哥白尼自从调任弗龙堡后，一直没有机会同舅舅见面。1512年2月，哥白尼陪同舅舅一起到克拉科夫，参加国王齐格蒙特·斯塔雷的大婚庆典。王后新娘是匈牙利的公主葆尔宝娜。结婚庆典于2月8日举行，盛大隆重，热闹非凡。波兰的达官贵人，还有匈牙利国王、德国和西里西亚大公，都参加了庆典。

在庆典期间，国王齐格蒙特·斯塔雷接见了瓦兹洛德主教和哥白尼。

哥白尼和瓦兹洛德在克拉科夫逗留了一段时间，两人相见甚欢。没有想到，这竟成了舅甥俩的最后一次相聚。

3月20日，瓦兹洛德主教离开克拉科夫，前往比得哥什出席一个高层会议，哥白尼返回弗龙堡。3月23日，瓦兹洛德主教突然患病，而且病得很重。3

月 26 日，瓦兹洛德被送回故乡托伦。当时派人请了一些名医给他看病，其中包括哥白尼。但瓦兹洛德主教的病情恶化得太快，哥白尼赶到时，老人家已经气绝。瓦兹洛德主教去世的时间是 3 月 29 日，享年 64 岁。

哥白尼从小就接受舅舅的抚育和教导，舅舅就像他的亲生父亲一样。瓦兹洛德主教与世长辞，使哥白尼沉浸在巨大的悲痛中。他伏在舅舅的灵柩上，不禁失声痛哭。

4 月 2 日，在弗龙堡大教堂隆重举行了瓦兹洛德主教的葬礼，遗体就安葬在大教堂内。瓦兹洛德担任瓦尔米亚教区主教长达 20 多年，他是该地区的教会领袖、最高行政首脑兼大法官，又是波兰杰出的人文主义者、伟大的爱国主义斗士，他的去世是波兰的巨大损失。

由于死得太突然，关于瓦兹洛德主教的死因有各种传闻。甚至有人猜测，主教是被条顿骑士团毒死的。条顿骑士团一直把瓦兹洛德当做头号敌人，这不是没有可能，但是缺乏证据。也有人说瓦兹洛德主教为了瓦尔米亚教区鞠躬尽瘁，操劳过度，是被累死的。无论什么原因，人死不能复生。

谁来接替瓦兹洛德出任新主教，不仅对瓦尔米亚教区和弗龙堡神甫会非常重要，对波兰也具有重要意义。新主教的选举受到波兰国王的掌控，也引起条顿骑士团和周边邻国以及罗马教皇的密切关注。各方势力都希望自己喜欢的人物上台，从而增加对瓦尔米亚的影响力。国王齐格蒙特·斯塔雷要求亲自指定新主教人选，以确保新主教效忠自己和波兰。但弗龙堡神甫会在瓦兹洛德去世一周后，就自行推选法比安·卢兹扬斯基担任主教。

这位法比安的祖辈参加过反对条顿骑士团的 13 年战争，坚定地站在波兰一边，照理说符合国王的人选条件。作为神甫会的一员，哥白尼也投了赞成票。不过弗龙堡神甫会未经波兰国王允许，就擅自选出主教，国王齐格蒙特·斯塔雷不能容忍。由于主教最后需要教皇批准，官司一直打到罗马。这场纠葛实际上反映出王权与教区自治权的斗争。相比之下，面临条顿骑士团的侵略野心是

更大的危机，所以，经过几个月的斡旋沟通，最后终于达成妥协。国王承认了弗龙堡神甫会推选的法比安主教，弗龙堡神甫会同意今后的主教选举国王具有建议权，即国王可从瓦尔米亚教区所有的神甫中选出四位候选人，再由神甫会从四人中选出一人担任主教，然后再请教皇批准。这场权利角逐的政治游戏最终以喜剧收场。

瓦兹洛德主教的逝世，对哥白尼的生活和前途产生了很大的影响。他失去了强大的庇护，以后的路要全靠自己走了。从另一方面而言，舅舅的离去也让他心理上的束缚得到了解脱。他可以轻装上阵，勇闯传统天文学的禁地了。

精确的天文观测

jingquedetianwenguance

弗龙堡地处波罗的海南岸，气候潮湿多雾，加上纬度偏北，这里并不是观测天象的理想地点。因为行星往往出现在南方的地平线上，在北方观测视角很低，带来不少困难。多雾的天气，能见度低，观测也很容易产生误差。每逢深秋和冬季的夜晚，天空晴朗，没有云影时，哥白尼总是利用这种难得的机会，把仪器搬到塔楼的平台上，通宵达旦地进行观测。

哥白尼使用的观测仪器，除少量托人购买，其余的都由自己制作，包括三弧仪、象限仪和三角仪、星盘等。测量行星距离用的三弧仪，是用枞树干削成的，上面画上刻度。瞄准器也是刻出来的。测定太阳方位的象限仪，则是一块很大的正方形木板，右上角装着带刻度的木环，搁架上装有盛水玻璃管做的水准仪。观测日食本来要在水里观测倒影，为了减少提水上塔楼的麻烦，哥白尼打破常规，改用一块带孔眼的护窗板把日影映到墙上。

哥白尼就是利用这些简陋的仪器，在弗龙堡进行了大量的观测，其中包括日食、月食以及火星、金星、木星和土星的方位等等。这些观测在望远镜发

哥白尼在观察天象(19世纪波兰画家马泰约克绘)

明以前能做得那么精确,是很不容易的,这让后来许多杰出的天文学家都非常钦佩。

其中特别值得一提的是,可测量星空中任何天体高度的三角仪。这个仪器有三条木尺,其中两条长约9米,另一条更长些。三条木尺组成一个能够改变夹角的三角形,三角形的一边垂直固定在底座上,另一稍长的边对准要测量的天体,第三条边的木尺上每单位长度处钻有小孔,可嵌入固定的木钉。改变木钉的位置,就能调整瞄准天体的夹角。根据夹角的大小和三条边的尺度,就能计算出所测天体的高度来。据说哥白尼的这件三角仪,在他去世后还在弗龙堡保存了40年。1584年,丹麦大天文学家第谷派学生到弗龙堡考察时,主事的神甫把三角仪送给了第谷。第谷非常珍惜这件仪器,一直带在身边。第谷死后,这件天文仪器成了德皇卢卡多尔夫的收藏品。可惜后来失传了。

当时望远镜还没有发明出来,天文学家的观测手段都很有限。

让人惊叹的是,哥白尼用这些简易仪器,进行了许多重要的天文观测,他获得的天文数据非常精确。这为他日后完成《天体运行论》提供了重要的科学依据。

例如，哥白尼测量出月球距地球的距离，是地球半径的60.3倍；而现代最精确的测量值是60.27倍。误差只有万分之五！

再如，哥白尼测定每年为365天6时9分40秒，而现代的精确测定为每年是365天6时9分10秒。只有30秒之差，误差仅为百万分之一！

又如，哥白尼测量出：火星轨道的半径为1.520天文单位，木星轨道半径为5.219天文单位。而现代的精确测定为：火星轨道的半径为1.524天文单位，木星轨道半径为5.203天文单位。结果也是惊人的相似！

哥白尼在弗龙堡的天文观测，从未中断过，甚至在1519年—1520年战争期间也不例外。他在《天体运行论》中所用的27个实例中，有25个是他自己的实测记录，其中有一次是在博洛尼亚对毕宿五的观测记录，另一次是在罗马观测的月食。其余的23次重要观测，都是在弗龙堡进行的。

关于地球的形状，是古代先哲和天文学家们一直关注的问题。亚里士多德认为大地是球形的，他在《天体篇》里曾指出，其理由是“从各方面中心运动是地球所固有的性质”。毕达哥拉斯学派也指出大地是球形的，它被悬挂在空中绕着圆周旋转。这些观点只是一种猜测。为了确定大地的形状确实是球形，哥白尼曾多次做过间接的观测。早在1500年11月6日，他在罗马近郊的高冈上观测过月食。根据观测结果，他分析出地球投射在月球表面的为弧状阴影，从而证实了亚里士多德关于地球是球形的论断。

在弗龙堡定居后，哥白尼曾多次站在波罗的海岸边观察帆船。有一次，他请求一位船长在帆船的桅杆顶端绑上一个闪光的物体，他站在岸边观察这艘帆船慢慢驶远。哥白尼描写这次观察的情况说：“随着帆船的远去，那个闪光的物体逐渐降落，最后完全隐没，好像太阳下山一样。”这次观察使他得出一个结论：“海面是圆形的。”

通过多次在岸边观察帆船,他发现,当帆船从海上返航时,岸上的人最先看见的是高高的桅杆,之后才逐渐看见船身。为什么没有一下子就看见整只船呢? 这正说明了地球不是扁平的。

哥白尼还举出许多天文观测的实例,来证明大地是球形的结论。他写道:"对于一个从任何地方向北走的旅行者来说,周日旋转的天极渐渐升高,而与之相对的极以同样数量降低。……相反,对一个向南行的旅行者来说,这些星在天上升高,而在我们这儿看来很高的星就往下沉。进一步说,天极的高度变化与我们在地上所走的路程成正比。除非大地呈球形,否则情况就不会如此。"

哥白尼深知托勒密的"地心说"已统治了天文学界1300多年,又有教会的拥护,要发表与"地心说"根本对立的"日心说",一定会遭到种种非难和攻击。因此他谨慎小心地进行了多年的观测工作,务必使自己的新理论能和实际观测相符合,这样新学说才能立于不败之地。

1515年,哥白尼根据多年观测得出的大量精确完整的天文资料,在《浅说》的基础上,开始了不朽巨著《天体运行论》的写作。

世事难料,不久,战火在波兰北部燃起。

烽火连天中

fenghuoliantianzhong

1516年秋天,波兰北部地区的条顿骑士团屡次进犯瓦尔米亚边境,他们破坏田产,烧毁村庄,杀人放火,无恶不作,使瓦尔米亚教区的生产秩序遭到很大破坏。神甫会决定派哥白尼担任奥尔什丁和皮耶宁日诺的最高管理人,既是两个庄园教产的总管,又是两个城堡的最高指挥官。

哥白尼临危受命,担当起抵抗条顿骑士团大军压境的重任。他经常往返在弗龙堡、奥尔什丁和皮耶宁日诺三地,为瓦尔米亚的民生和安危奔波。

条顿骑士团的骚扰

就在烽火连天的岁月里，哥白尼开始撰写天文巨著《天体运行论》。在坐镇奥尔什丁堡期间，他随身带去一些简易仪器和天文资料，在城堡的哨塔上布置了一个简单的观测台。哥白尼一方面继续进行天文观测，另一方面利用空隙时间构思《天体运行论》的架构。六年前在利兹巴克城堡完成的《浅说》，是一个重要的大纲。当时整部著作的内容已有个轮廓了，全书计划写成8卷(最后出版时是6卷)。第一卷已经动笔了，但是因为大敌当前，哥白尼必须全力以赴地对付条顿骑士团的侵犯，写作进展缓慢。

1519年秋天，哥白尼因为管理和御敌有功，被教会任命为瓦尔米亚神甫会的行政总管。哥白尼回到弗龙堡，准备集中精力撰写《天体运行论》。但是，波兰和条顿骑士团之间又爆发了战争。条顿骑士团先是在瓦尔米亚地区四处骚扰。他们的铁蹄所到之处，不放过任何人和任何目标，连教堂都成了抢劫的对象。瓦尔米亚神甫会向波兰国王齐格蒙特·斯塔雷求援，国王派来40名骑兵，以增强弗龙堡的警卫。

这时条顿骑士团的大公名叫阿尔布雷希特，是波兰国王齐格蒙特·斯塔雷的外甥。起初，国王曾试图劝说阿尔布雷希特放弃战争的冒险活动。国王派使节同条顿骑士团谈判了数次，但是没有起效。国王意识到战争不可避免，于是加紧备战。他宣示自己的决心说："现在一切都靠边站，我要解决这个普鲁士问题……我绝不退让，哪怕赴汤蹈火，也在所不辞。"

瓦尔米亚主教法比安对和平还寄予一线希望，他派使节到条顿骑士团老

巢鲁莱维茨交涉，结果条顿骑士团不予理睬。于是瓦尔米亚主教单刀赴会，亲自到鲁莱维茨同阿尔布雷希特大公会谈。他警告大公说："波兰国王绝不会让骑士团占领瓦尔米亚，骚扰民众，掠夺财产。"

但这位大公已经铁了心，要和他的波兰国王舅舅对着干，根本听不进去。世间有好多关系融洽的舅甥，这位外甥却是个另类。与权势和利欲相比，亲情算不了什么。阿尔布雷希特早已把重兵布置在与瓦尔米亚交界的北部边界上。战火很快就要烧过来。1520 年的新年钟声刚刚敲响，阿尔布雷希特就率领一支条顿骑士团军队跨过边界，挺进到布拉列沃城堡下。条顿骑士团在城下喊话，诈称是来向波兰国王进贡的。由于当时雾大，城堡上的守军看不清楚，便打开了城门，结果骑士团军队乘虚而入，占领了布拉列沃城堡。在武力镇压的威胁下，布拉列沃城的居民被迫向阿尔布雷希特宣誓效忠。弗龙堡离布拉列沃城堡只有 10 千米远。消息传来，弗龙堡教堂的神甫都大惊失色。但哥白尼临危不惧，留在城堡里，准备同居民一起坚守作战。骑士团大公派人送来一封信到弗龙堡，声称他此次占领布拉列沃城堡，是受教皇之命，并要求法比安主教前往布拉列沃城堡同他进行谈判。

哥白尼识破了骑士团大公的诡计，他对主教说：

"骑士团的意图很显然，就是要劝降弗龙堡倒向骑士团一边。在这兵临城下的危急关头，主教您不能出城。"

哥白尼主动要求担任谈判代表，前往布拉列沃城堡。法比安主教采纳了哥白尼的建议。哥白尼和副主教扬·斯库尔泰蒂冒着生命危险，到布拉列沃城堡同条顿骑士团谈判。哥白尼这种不怕牺牲的爱国主义精神，使许多神职人员感动。两人的使命是，对骑士团的军事行为表示震惊，建议骑士团大公同波兰国王举行和谈。

骑士团大公狡辩说："我们的军事行动不是侵略，而是收复教皇赠与的土地。"

哥白尼反驳道："布拉列沃城堡一直就是瓦尔米亚的土地。教皇什么时候赠与条顿骑士团了？"

"我说赠与了，就是赠与了！"大公横蛮地嚷道。

大公左右的军士怒目相视，大有拔剑出鞘之意。

"那请大公拿出证据来。"哥白尼面不改色道。

阿尔布雷希特大公自然拿不出证据。

"法比安主教建议，请阿尔布雷希特大公与波兰国王举行和谈。"

"我不会和斯塔雷国王直接会谈的。"大公回绝说，"请你转告主教大人，我可以派我的顾问去见国王。"

在谈判中，大公被哥白尼大义凛然的气概所震慑。

这位骑士团首领很敬佩哥白尼的学识和品德。根据法比安主教的提议，大公给哥白尼签了一份"特别通行信函"，准许他在条顿骑士团占领地通行，以便作为主教和大公谈判的中介人。

条顿骑士团入侵

在这封信函中写道："应尊敬的大学者和神职人士尼古拉·哥白尼的坚决请求，我已允诺，并把我们自由安全和基督徒的通行证发给他，准予他连同他的侍从和马匹通过我们的骑士团国家，来去自由，通行无阻。"

后来和谈破裂，条顿骑士团向弗龙堡发起了猛攻。

敌军首领狂妄地宣称:“我们要捣毁这个巢穴，让整个夏天都没有鸟儿来做窝！”

哥白尼登上城墙,和城堡司令一起指挥作战。弗龙堡的防御工事很坚固,敌军屡攻不下,恼羞成怒,便纵火烧毁了城堡外的所有建筑和神甫住宅,流窜到其他地方骚扰去了。弗龙堡这才化险为夷。看来冷兵器时代,城堡还是很管用的。

第二年春天,哥白尼再度担任奥尔什丁教产总管。当时皮耶宁日诺堡已经被条顿骑士团洗劫一空。瓦尔米亚神甫会的贵重财产和重要文件,都转移到奥尔什丁堡来。这时条顿骑士团已经侵占了附近的许多城堡,直逼奥尔什丁堡。哥白尼积极组织备战,亲自部署防务。他还向波兰军队统帅求援,紧急调来几十杆火绳枪,加强奥尔什丁堡的防御能力。为此,哥白尼还作好了随时牺牲的准备。

1520 年 11 月 16 日，哥白尼向波兰国王齐格蒙特·斯塔雷发出一封求援信。

哥白尼在信中写道:“最圣明的君主陛下……敌人已近在咫尺，我们担心的是,不久我们也被包围。我们清楚,利兹巴克本身也受到威胁,整个瓦尔米亚主教区都处在威胁之中。为此,我真诚地向陛下请求,请陛下尽快派援兵来,给我们以有效的支持。我们竭尽全力做高贵和正直人应做的一切,恪尽职守,毫无保留地为陛下献身,哪怕牺牲也在所不辞。”

字里行间,透露出当时局势的危急和哥白尼的决心。但这封信最终没有送到国王手中,而是被条顿骑士团截获了,至今还保存在格丁根的条顿骑士团档案馆里。

1521 年新年刚过,战斗终于打响。条顿骑士团在阿尔布雷希特大公率领下,出动 4000 名步兵、600 名重骑兵、400 名轻骑兵以及一个炮兵队,向奥尔什丁堡发起了总攻。根据史料记载,战况异常惨烈。敌军用燃烧弹攻城,妄图以火

攻取胜。哥白尼指挥手下用浸湿的皮子捂灭敌人的燃烧弹。经过五天五夜的激烈战斗，城堡巍然屹立着。条顿骑士团久攻不下，双方的伤亡都很大。幸运的是，骑士团因为粮草断绝，内部骚乱，后来只好撤军，同意休战。1521 年 4 月 5 日，条顿骑士团和波兰在托伦达成停火协议。

哥白尼在弗龙堡和奥尔什丁堡保卫战中的英勇表现，有目共睹。他高尚的爱国主义精神、临危不惧的气概，还有杰出的组织能力，赢得了广大民众的拥戴。哥白尼成了瓦尔米亚地区和整个波兰的英雄。同年 6 月，神甫会一致推选哥白尼为瓦尔米亚专员，负责主持整个地区战后的经济恢复和社会秩序。

哥白尼回到弗龙堡，开始战后的重建工作。在紧张的公务活动间隙，哥白尼恢复了因为战事一度中断的天文观测。他抓紧时间继续写作《天体运行论》，并对手稿进行反复修改。

星移斗转，日月如梭。经过数年不懈的努力，哥白尼的宇宙新体系理论大厦渐渐耸立起来。

货币改革家

huobigaigejia

哥白尼不仅是保卫战的英雄，同时也是战后恢复经济和民生的卓越人才。哥白尼一生身兼多个角色：虔诚的神甫、教产管理人、行政总管、翻译家、军事指挥官、战斗英雄、外交使节、济世名医、天文学家、著名经济学家等。

他关注农民田里的收成，体察民间疾苦，留意市场行情的波动，尤其对教区的财政和经济管理了如指掌，有着透彻的见解。人们称他是瓦尔米亚教区首屈一指的理财专家。

哥白尼积极参与了当时国家的经济改革。改革的内容很多，其中最为迫切的是货币改革。哥白尼从意大利留学回来时，就与舅舅瓦兹洛德主教讨论过瓦尔米亚地区的货币问题。由于积重难返，直到瓦兹洛德主教去世也没能解决。

当时波兰的货币管理存在三大问题：一是没有统一的货币，市场上流通的货币五花八门，除了波兰本土的货币，还有立陶宛、普鲁士、捷克、匈牙利、意大利、西里西亚、条顿骑士团等国或地区发行的货币。一个名叫德茨尤什的人作过一个统计，当时波兰市场上流通的货币，竟有 17 种之多，可见混乱的严重。这位德茨尤什是波兰国王的秘书，深感货币之乱象，所以也主张货币改革。

二是国家缺乏统一的货币制度，这进一步加剧了金融市场的混乱。波兰本土、立陶宛、王属普鲁士都有单独的货币制度，各自的兑换率都不一样。王属普鲁士采用的是老骑士团的标准，基本重量单位是海乌姆诺城的格利夫那（1 格利夫那相当于 192 克），用它可以造 60 个谢隆格币（古代波兰货币）或者 720 个德纳尔币（古罗马银币）。在这一地区，不光波兰国王有造币权，托伦和格但斯克两城也有造币权。就连离格但斯克不远的埃尔布隆格，也在自造货币。据说这是当初普鲁士归顺波兰时提出的一个条件，其实并没有得到许可。铸造货币不仅有利可图，而且可以提高城市的声望。埃尔布隆格铸造的货币投放到市场，使金融市场更加混乱。

三是市场上充斥着大量的“劣币”，也就是“伪币和伪造币”，它们的重量和贵重金属的含量都低于其面值。当时西里西亚地区南部的希维德尼察铸造的货币，贵重金属的含量竟比王国货币少四分之一。无论国库还是商家，接受这种货币都会蒙受明显的经济损失。希维德尼察当时属于捷克管辖，据说捷克国王知道希维德尼察在铸造这种劣币，但并未制止。究竟是故意放纵，还是无力取缔，不得而知。不过，要是和条顿骑士团大公比起来，这位捷克国王只能算是小巫见大巫。骑士团公国铸造的货币，含金量明显地打折扣。骑士团公国与王属普鲁士毗邻，经济往来频繁，骑士团公国的劣币大量流入瓦尔米亚地区。骑士团大公还故意向波兰市场投放伪币，尤其是在 1520 年战争期间投放量特别大，其恶果就像派遣了一支黑色的金融大军，把波兰市场上的良币打得落花流水。

弗罗林金币(1252年开始铸造于佛罗伦萨)

哥白尼作过专门研究。他发现1410年以前,骑士团用一格利夫那纯银(添加适当数量的铜)至少可以铸造149个谢隆格币;而在1510年,骑士团用同样多的纯银甚至铸造了900个谢隆格币。也就是说,同样一个谢隆格币,含银量还不及原来的六分之一!可见作假的程度多厉害。

由于大量劣币充斥,货真价实的良币则从市场上消失了。一部分人把它作为存储资本的手段囤积起来,一部分人则把它运到国外,融化后再造出更大数量的劣币。哥白尼把这一现象归纳为"劣币驱逐良币定律"。这种恶性循环,进一步加大了波兰金融市场的紊乱和危机。

正是在金融危机最严重的时候,哥白尼就任了瓦尔米亚神甫会财产总管。他和许多人讨论了神甫会面临的财政困难和金融损失问题,试图寻找摆脱困境的出路。神甫会要求哥白尼写一篇书面报告,提出自己的见解,为下一步货币改革方案提供良策。

1517年8月,哥白尼用拉丁文拟了一篇关于货币问题的论文纲要,名为《深思熟虑》。这的确是他经过深思熟虑提出的意见。这篇纲要论点鲜明,分析透彻,受到神甫会的重视和赞赏。两年后,哥白尼把这篇论文进行了充实,译成了德文,以便让更多的市民了解这个问题。德文版论文的标题更为直接——《造币方法》。

哥白尼对货币问题继续做深入研究，于1519年又撰写了一篇论文《论货币的信誉》，明确提出“劣币驱逐良币定律”。在这篇论文中，哥白尼充分发挥了自己的科学才能，运用数学手段对货币流通中存在的问题作了分析。评论家说他运用观测自然科学的方法，对当时的社会经济关系进行了观察和研究。哥白尼把货币看成一种经济现象，按其含金量或含银量的多少来评价它的价值。

按照哥白尼的理论，“货币就是带标志的金或银，用它来抵偿被买卖的东西的价值。根据某个国家或统治者的规定，把金银刻上标志加以使用，就成为货币”。

哥白尼指出货币包含着价值和信誉两个方面，两者存在着密切的关联。货币的价值取决于所含贵重金属的数量和质量，即贵重金属在货币中所占的比重。这是货币的内在价值，正是这种内在价值使货币可以换取其他等价的商品。哥白尼主张，货币中贵重金属的比重应该相对稳定，至少在25年或更长时间内不变，以保证货币的价值稳定。货币信誉是指货币的名义价值，也就是国家当局在货币加盖的戳记所标志的数额，也即面值。哥白尼认为，良币的名义价值应该等于其实际价值。事实上，必须让名义价值略高于它的实际价值，高出的部分相当于货币本身的生产成本，而且这个差额应该在戳记里标示出来。哥白尼在《论货币的信誉》中写道：

货币的大量复制特别容易使货币丧失信誉，也就是说，如果将大量的银子转变成货币，那人们追求更多的将不是货币而是银子。那时货币就会失去尊严，因为用货币已经无法买到相当于货币本身含量的金或银，而制造货币则会获得更大的好处。针对这种情况只有一个解决办法，那就是停止制造货币，直到货币自己的价格达到平衡，并使价格略高于银的价值为止。

……货币价值的下跌有各种各样的原因：要么是成色不足，即贵重金属含量不足，在同样的重量中铜的比重偏大；要么是掺入了其他杂质；更有甚者是二者兼而有之。货币流通时间过长也会造成货币价值的下跌，因为长时间流通会使贵重金属受到磨损。一旦出现这种情况就应该发行新币。如果货币中银的含量远远低于用这枚货币买来的银的数量，那就表明该货币是典型的劣币，同时也说明货币已贬值。

哥白尼的货币理论，在当时是很先进的。他指出，当良币和不足价的劣币同时流通时，劣币必然会驱逐良币，这是一条经济规律。他是第一个提出“劣币驱逐良币定律”的人。直到半个世纪后，英国一位名叫格雷欣的大经济学家，才提出了这条原则。由于大家不知道哥白尼的发现，这一定律一直被命名为“格雷欣定律”。直到上个世纪人们才发现了哥白尼关于货币的论著，于是这个劣币驱逐良币的法则，现在被称为“哥白尼—格雷欣定律”。仅凭这一条，哥白尼就可以跻身世界一流的经济学家之列。

“哥白尼—格雷欣定律”所反映的，是人类商品生活中的一条客观规律。早在古罗马时代，就有人习惯从钱币上切下一角，缺了角的钱币含金量自然就减小了。人们很快就觉察到货币越变越轻，于是把足值的金银货币存起来，专门用那些不足值的货币。这个例子说明：坏钱把好钱从流通领域中排挤出去了。为控制这一现象的蔓延，当局发行了带锯齿的钱币，如果钱币的锯齿边被挫平，就知道这枚货币被动过手脚。在牛顿时代，英国也出现过类似情况。大物理学家牛顿曾被任命为皇家造币总监，就是为了整治货币的混乱。结果牛顿干得很出色，由于他劳苦功高，一直当了30年的皇家造币局局长。在中国，早在公元前2世纪，西汉的贾谊就曾指出“奸钱日繁，正钱日亡”的事实，这里的“奸钱”指的就是劣币，“正钱”指的是良币。

1519年王属普鲁士准备实行货币改革时，特地来征求哥白尼的意见。

1519年底，在托伦召开的王属普鲁士代表大会上原计划要讨论货币改革方案的，后因爆发了与条顿骑士团的战争，改革计划只好推迟。

1522年3月，王属普鲁士代表大会在格鲁琼兹举行，把货币改革问题重新列入议事日程。国王使臣提请大会讨论波兰货币改革问题，目标是在波兰全国实行统一的王国货币。统一的波兰币也将在王属普鲁士流通。哥白尼作为瓦尔米亚神甫会的代表，出席了这次会议。他在代表大会上宣读了论文《论货币的信誉》，引起了大家的关注和重视。

1526年，国王的秘书兼顾问德莰尤什提出一套货币改革方案。富有戏剧性的是，德莰尤什提出了一个与哥白尼相反的定律，即良币可将劣币驱逐出市场。这位德莰尤什也主张在波兰、立陶宛和普鲁士统一货币的重量、成分和规格，但他反对收回在市场上流通的劣币，认为只要发行一种新的、更好的货币，贬值的劣币会被自然淘汰，而且发行他说的那种好货币，还可给国王和向造币厂提供银子的人带来收益。德莰尤什的“良币驱逐劣币”之说纯属天方夜谭，但得到了国王和许多宫廷大臣的支持。方案公布后，引起了普鲁士各界的争论。

哥白尼的货币改革方案，则主张禁止在商业活动中使用老货币，并把它撤出流通领域。方案还提出在“先进公民”中展开货币改革的讨论，听取更广泛的意见，同时要考虑到社会中最贫困阶层的利益。哥白尼的方案虽然没有被完全采纳，但对后来波兰货币的统一起了重要作用。

安娜之恋

annazhilian

哥白尼在研究货币问题时，曾几次到托伦造币厂了解货币铸造的技术细节。托伦造币厂是波兰重要的国家造币厂，负责造币的设计师名叫马切伊·希林，是波兰最有名的币章艺术设计师。波兰货币的图案就是他设计的。

托伦是哥白尼的故乡，他每次回到托伦都有一种亲切感。希林又是一位好客之士，他对哥白尼的造访非常热情，盛情接待。希林陪同哥白尼参观了货币铸造的全过程，两人还讨论了货币改革的有关问题。希林很赞成哥白尼的一些主张，并邀请哥白尼到家里做客。

“这位是弗龙堡神甫会的行政总管尼古拉·哥白尼神甫，大学者、货币专家。”他向家人介绍哥白尼。

“呵呵，神甫不假，大学者不敢当。”哥白尼谦虚道。

希林的家人对哥白尼都有好感。希林的女儿安娜·希林，当时刚二十出头，长得很漂亮。她被哥白尼神甫的谈吐和风度吸引住了。

哥白尼告辞时，安娜悄悄送了一幅小画给哥白尼，画上是一支三叶常春藤，画得很别致。哥白尼后来才知道，这是希林家族的徽号。希林一家原籍在法国维桑堡，15世纪迁来格但斯克城，1507年被德皇马克西米封为贵族，后来齐格蒙特·斯塔雷国王确认了他们的贵族地位，算是名门之家。希林家族使用的徽章图案，是一支三叶常春藤，周围是圆环。安娜的母亲是一位诗人，性情温柔贤淑。

马切伊·希林一家和国王秘书德莰尤什交往密切。德莰尤什的祖籍也在法国维桑堡，和希林有老乡之缘。1526年前后，德莰尤什受齐格蒙特·斯塔雷国王之命，负责实施货币改革计划，也常来托伦视察。他多次和希林谈起哥白尼，颇多赞誉之词。虽然这位大臣的货币改革主张与哥白尼相左，但和哥白尼私交不错。他很佩服哥白尼渊博的学识，称赞哥白尼是波兰第一大学者。

希林在家里谈起德莰尤什称赞哥白尼的话，安娜听后不觉为之心动。

“德莰尤什先生说的，就是那位尼古拉·哥白尼神甫吧？”

“是呀，女儿还记得吧？你还送了幅常春藤画给他呢……”

“我不记得啦！”安娜神秘地一笑。

她的眼前却浮现出那位“波兰第一大学者”的面庞：那戏谑的眼神，亲切的笑容,竟挥之不去。她在心里说:“尼古拉·哥白尼神甫,我真想再见见你!”

也许长着一对翅膀的小爱神听到了她的心声。没过多久,安娜真的又见到了哥白尼。1528 年 7 月,全普鲁士贵族代表大会在托伦召开,通过了有关造币章程的决议。哥白尼关于统一全普鲁士货币制度的主张,被大会采纳。大会最后授权国王秘书德茨尤什为这个章程的执行人,并决定将货币改革后的第一家铸币厂设在托伦。德茨尤什推荐了马切伊·希林担任托伦造币厂厂长。

会后,哥白尼特地到马切伊·希林家拜访。

七八年之后,安娜再次见到哥白尼,不禁又惊又喜。

“你好啊,安娜小姐!”哥白尼发觉她出落得更美了。

“您好,哥白尼神甫!”安娜蓦然脸红。

“你送的那幅常春藤画,我还保存着呢!”

“真的?”安娜非常兴奋。

“还不给尼古拉·哥白尼神甫端茶!”看见女儿的失态,母亲打趣道。

“哦,我就去。”安娜笑了。

哥白尼的到来,给希林家带来了喜悦。终于又见到了梦中期盼的“波兰第一大学者”,安娜掩饰不住狂喜的心情。哥白尼的儒雅谈吐和成熟气质,就像一道秋日的阳光,照亮了她的心扉。

安娜发现自己深深地爱上了哥白尼。她虽然比哥白尼小 20 多岁,但非常仰慕哥白尼的学识和情操。几次接触之后,她主动向哥白尼表达了爱慕之心。哥白尼也非常喜欢安娜。安娜的身上有一种高雅的气质,举止超凡脱俗。她继承了母亲的温柔贤淑,又具有父亲的艺术气质,典雅大方,率真可人,这些都深深地打动了哥白尼。两人情投意合。但是按照天主教的教规,作为神甫的哥白尼是不能结婚的。而且哥白尼觉得自己的年龄偏大,所以对这份感情一直没有下决心。可是相处的时间越长,哥白尼越感觉到安娜的真情。希林一家人也在为他俩祝福。

经过三个春夏秋冬的彷徨和思念，有情人终成伴侣。1531 年冬季，哥白尼把安娜接到了弗龙堡。当安娜从华丽的马车上款步走下时，全城的人都为她的美貌和高雅惊呆了。

“她真美啊！”

“就像荷马史诗里的海伦哦……”

“海伦可没有她高雅脱俗！”

安娜来弗龙堡后不久，朋友们都来塔楼祝贺。

其中有蒂德曼·吉斯，还有斯库尔泰蒂。两人都是弗龙堡神甫会的神甫。蒂德曼·吉斯是哥白尼最知心的朋友，他是哥白尼学说最坚定的支持者。斯库尔泰蒂性情豪爽，和哥白尼无话不说。他虽然身为神甫，却是个无神论者，生于格但斯克，年轻时留学罗马，曾在罗马教廷任过职。

大家带来香槟酒和鲜花，为哥白尼家里有了女主人热烈庆贺。哥白尼喜笑颜开，喝了不少香槟。安娜非常感动。

就这样，安娜毅然抛弃世俗的成见，来到弗龙堡给哥白尼做女管家。她和哥白尼共同生活了 6 年，这段时间是哥白尼一生里最愉快的时光。安娜对哥白尼细心照顾，体贴入微。她既料理哥白尼的饮食起居，帮他处理一些繁杂事物，又是哥白尼的知音。她常常问起哥白尼天空里的奥秘，和哥白尼讨论人生和科学问题。

有一天，安娜问哥白尼：

“老师，天空那么遥远，为什么你要这么执著地去研究？”

哥白尼回答说：“科学研究的目的就是对真理的追求。我愿意一生都做一个追求真理的‘盗火者’。”

“你是愿做盗火的普罗米修斯吗？”安娜问。

“是的，我愿意。哪怕被宙斯绑在高加索山上，让秃鹰啄食我的肝脏。”

安娜的眼里闪出敬佩的亮光。

“老师，我还有个问题。”

“你问吧。”

“天文学家都很清贫，占星学家却是名利双收。为什么你要选择做天文学家呢？”

“你情愿做清贫的勇士，还是做名利双收的骗子呢？”哥白尼反问她。

“我情愿做名利双收的勇士。”安娜调皮地说。

“勇士要赴汤蹈火，哪能那么容易名利双收啊！”

“呵呵，我想也是的。”

哥白尼说：“天文学探索的是宇宙的神奇运动，在人类智慧所及的所有领域中，我觉得宇宙的奥秘是值得用最强烈的感情和热忱来研究的。难道还有什么东西比天穹更美丽的吗？”

“有。”安娜含笑说。

“你说说，是什么？”

“是人的美好心灵。”

“说得太好啦！”

他们相视一笑，两颗火热的心紧紧贴在了一起。

在安娜的细心照料和帮助下，哥白尼加快了《天体运行论》的撰写。

1537年，历时20余年的《天体运行论》终于完成。

KEXUE JUREN DE GUSHI

《天体运行论》

主教的阴谋

zhujiaodeyinmou

1537年,瓦尔米亚教区主教莫里奇·费贝尔去世。哥白尼任职弗龙堡神甫会时期,经历了三任主教。第一任主教是瓦兹洛德舅舅,第二任主教是法比安·卢兹扬斯基,第三任主教就是莫里奇·费贝尔。

莫里奇·费贝尔是一位正直的主教。他虽然比较保守,但为人厚道宽容,思想也比较开明。费贝尔虽然不接受哥白尼的日心说观点,但从来不干预哥白尼的天文学研究,反而为哥白尼担心,怕他的“异端邪说”惹来祸端。这和瓦兹洛德舅舅的顾虑一样。费贝尔每次生病,都是请哥白尼给他治疗。对哥白尼的学识和人品费贝尔也很推崇。在弥留之际,他还当着众人的面说:“在弗龙堡神甫会里,哥白尼博士学识渊博,德高望重,以后神甫会的事,瓦尔米亚的事,要多听听他的意见。”费贝尔主教在遗嘱中,还留了100个弗罗林(意大利金币)给哥白尼。

在费贝尔去世之前,围绕着费贝尔的继承人问题,就展开了激烈的角逐。瓦尔米亚神甫会和费贝尔主教本人,都希望由蒂德曼·吉斯继任主教之位。蒂德曼·吉斯是哥白尼的同学和朋友,学识渊博,为人正直。哥白尼也支持他出任主教。实际上,若是论品德能力、管理经验和保卫教区的功劳,哥白尼也够格当瓦尔米亚教区主教,但哥白尼从来没有为此去奔走过,他的人生目标不是显赫的神职,而是登上天文学的顶峰。主教的权势和荣耀,对他并没有多大吸引力,哥白尼希望把自己毕生追求的事业进行到底。

为了让蒂德曼·吉斯顺利接任自己的位置,莫里奇·费贝尔主教曾去克拉科夫王宫活动,希望国王任命蒂德曼·吉斯为瓦尔米亚教区的副主教。这样一旦他去世,蒂德曼·吉斯可以顺理成章地继任主教职位。

但是波兰国王已有自己的打算。国王中意的主教人选，是另外一个名叫扬·丹蒂谢克的人。这位扬·丹蒂谢克是个聪明绝顶的人物，当时担任海乌姆诺的主教。由于海乌姆诺教区地处王属普鲁士边远地区，比瓦尔米亚教区小得多，扬·丹蒂谢克早就觊觎瓦尔米亚主教的宝座。扬·丹蒂谢克年轻有才，意气风发，作过国王的私人秘书，还担任过波兰驻维也纳大使，他的企图得到了国王、王后、克拉科夫王宫大臣们的支持。

弗龙堡神甫会的人获悉这个信息后，一致反对扬·丹蒂谢克给费贝尔主教做助手。不过扬·丹蒂谢克很有手腕，他竭力游说弗龙堡神甫会，许诺可举荐蒂德曼·吉斯到海乌姆诺教区当主教，作为自己来瓦尔米亚教区的交换条件。弗龙堡大多数神甫最后被他说动，连莫里奇·费贝尔主教也同意了，只有哥白尼和斯库尔泰蒂神甫提出强烈反对意见。扬·丹蒂谢克如愿以偿，当上了瓦尔米亚副主教。丹蒂谢克想把一个亲信安插进神甫会，结果被禀性正直的斯库尔泰蒂联合其他神甫坚决阻止了。

1537年7月1日，莫里奇·费贝尔主教逝世。弗龙堡神甫会开始选举瓦尔米亚教区新主教。国王从神甫会提交的名单中，挑选出四名候选人，再由神甫会从这四人中选出新主教。国王提的四名候选人中，有一名是哥白尼，还有扬·丹蒂谢克和另外两名神甫。哥白尼是第一次被提名为主教候选人。据说这是蒂德曼·吉斯提的建议，国王也给了面子。明眼人一看就知道，国王提名哥白尼，完全是礼仪性的，国王的心腹扬·丹蒂谢克铁定要当选新主教。其他神甫早已知道国王的“圣意”。最后的投票没有悬念，扬·丹蒂谢克当选为瓦尔米亚教区的新主教。

主教职位之争，哥白尼得罪了扬·丹蒂谢克。扬·丹蒂谢克上任后，哥白尼的厄运就开始了。

扬·丹蒂谢克的真名是汉斯·弗拉尔斯宾德尔，扬·丹蒂谢克是他的化名。他一生中曾几次改换名字，就像一条漂亮的变色龙。据说这在当时是一种时髦。扬·丹蒂谢克才华横溢，风流倜傥，诗写得好，在欧洲小有名气。他善于交际，灵活多变，喜欢见风使舵，加上做过国王的秘书，在官场上左右逢源，青云直上。从本质上说，哥白尼是一个正直的学者，丹蒂谢克是一个善于钻营的政客。在搞阴谋诡计上，学者肯定斗不过政客，因为后者无耻。

扬·丹蒂谢克比哥白尼小 12 岁，年轻时与哥白尼还有过一段交情。但他并不记情，对得罪过自己的人却牢记在心，睚眦必报。

丹蒂谢克上台伊始，首先拿斯库尔泰蒂神甫开刀。

丹蒂谢克罗织了一系列罪名，陷害斯库尔泰蒂神甫。诸如贩卖亚麻，生活放荡，不信神的“异教徒”，等等。有国王作后台，丹蒂谢克有恃无恐。他强行决定把斯库尔泰蒂神甫驱逐出弗龙堡。后又通过宫中的关系，让波兰议会作出决定，判处斯库尔泰蒂神甫流放。丹蒂谢克要求瓦尔米亚教区所有神甫，断绝与斯库尔泰蒂神甫的一切往来，包括书信联系。哥白尼拒绝了这一要求，宣称他“尊重斯库尔泰蒂神甫，胜过其他人”。

于是，丹蒂谢克向哥白尼祭起了杀手锏。他的邪恶目光瞄准了安娜。

丹蒂谢克就任瓦尔米亚主教时，安娜已在弗龙堡与哥白尼一起生活了 6 年，弗龙堡的居民已接纳了这位贤淑美丽的女性。

主教却不以为然。一天，他郑重提醒哥白尼，作为一个神职人员要注意影响，不能和女人同居。表面上他说得很客气，私下里却到处散布对哥白尼的恶言秽语。丹蒂谢克在给蒂德曼·吉斯主教的信中写道：

> ……我像亲兄弟一样爱哥白尼博士。直到现在，他一直享有很高的声誉，驰名遐迩，他的多才多艺令人钦佩，备受赞扬。但在步入几乎是无能为力的老年时期，正如人们所说，他同自己的姘妇同居。阁下如果能用最友善的语言私下提醒他，使他停止这种丑事，那可是阁下的一大善行。如果阁下能为他做到这一点，就算替我做了一件无与伦比的好事，这样我们俩就重新夺回了如此珍贵的兄弟。阁下在同哥白

尼博士谈这些事儿的时候千万注意分寸，以便使他更加重视，但同时不要让他知道这是我对他的劝告，让他相信，这是阁下对他的关心。

蒂德曼·吉斯竭力为自己的朋友说情。他向扬·丹蒂谢克解释说，哥白尼和安娜是两情相悦，感情真诚。但口蜜腹剑的扬·丹蒂谢克根本不听。

在那个文艺复兴春风吹拂的年代，教廷的禁欲主义已经成了一张破网。神甫娶妻的事并不算稀奇，许多神职人员半公开地享受世俗的快乐。有些教会里的大人物，私生活更是放浪不羁，连罗马教皇都以有私生子为荣。哥白尼的舅舅一生没有结过婚，也有个私生子，后来还当了托伦的市长。扬·丹蒂谢克自己就是个有名的风流才子，年轻时漂洋过海，四处留情，情妇一箩筐。

不久，扬·丹蒂谢克以“有辱教规”为借口，强迫哥白尼和安娜脱离关系。哥白尼和安娜的感情难以割舍，他向丹蒂谢克主教提出了抗议。但丹蒂谢克宣布说，安娜已使哥白尼“失魂落魄”，为了他“灵魂得救”，必须勒令安娜立即迁出弗龙堡。哥白尼在悲愤之下，几次要扯下身上的僧袍，大声吼道：“我要还俗。”

心地高洁的安娜，为了避免给哥白尼带来劫难，也是为了哥白尼能实现自己的夙愿，使《天体运行论》的写作能够完成，忍痛搬出了哥白尼的家。

哥白尼在权势的威逼下，被迫与安娜分离。

为什么他在穷凶极恶的条顿骑士团面前那么英勇，面对主教的高压却屈服了呢？相信的确是为了胸中蕴藏的《天体运行论》，他是忍辱负重。安娜选择离去，暂时使哥白尼摆脱了困境。但两人心中的思念，却永远也割不断。后人在哥白尼的书和手稿的空边上，发现画有许多三叶常春藤。这是爱的记忆，也是思念的标记……可谓此情绵绵无尽期！

扬·丹蒂谢克的阴谋得逞了，但这位棒打鸳鸯的主教还不甘心，他派亲信监视哥白尼的住处和行踪。告发者经常向他密告：“来自哥白尼博士身边的那个人，实际上已把东西寄回格但斯克，而她自己却仍留在弗龙堡。”“至于弗龙堡那位小女人,有人在克鲁莱维市场看见了她的倩影……”

安娜的离去,使哥白尼承受了巨大的痛苦。蒂德曼·吉斯到海乌姆诺教区当主教后,哥白尼失去了最好的朋友。弗龙堡的年轻神甫,与哥白尼没有多少共同语言。现在安娜又走了,哥白尼怅然若失,身心交瘁。在哥白尼去世之后,安娜还回弗龙堡住了一段时间,整理哥白尼的遗物,缅怀往日温馨的时光。泪尽之后,回到格但斯克城老家。

哥白尼在孤独中踽踽独行,他把全部心血都抛洒在《天体运行论》的进一步修改中。

弟子的襄助

dizidexiangzhu

1539 年 5 月,弗龙堡来了一位年轻的不速之客,登门拜访哥白尼。这正是哥白尼身心疲惫,感觉最苦闷的时候。

这个年轻人名叫雷蒂克,是德国威丁堡大学的数学和天文学教授,年仅 25 岁。哥白尼的《浅说》传到德国时,引起了雷蒂克的强烈兴趣。他被哥白尼“日心说”的思想所吸引,决定前往瓦尔米亚拜访这位大师。雷蒂克此行其实冒着很大的风险,因为威丁堡是德国宗教改革的发源地,是路德派新教的大本营,而波兰是罗马教皇治下的旧教区,新教和旧教水火不相容。而且新教的领袖、那位名气很大的马丁·路德,对哥白尼的“日心说”思想颇为敌视。他曾在一篇文章中公开写道:“有人提到一位新的天文学家。他想证明不是日月星辰在动,而是地球在动……这个傻瓜想要把整个天文学颠倒过来!”

在一次新教派的狂欢节化装舞会上,还有新教徒打扮成弗龙堡神甫的模样,一边招摇过市,一边宣称他是占星学家,是他定住了太阳,转动了地球,以此拙劣的做法来嘲笑哥白尼。路德派新教一直把哥白尼视为危险人物。无论新教还是旧教,他们反对哥白尼把科学从神学里解放出来的观点是一致的。雷蒂克的瓦尔米亚之行,需要莫大的勇气。

雷蒂克拜访哥白尼时,带了三本纽伦堡印刷的精装图书,作为见面礼。这些大部头里有希腊文版的托勒密的《至大论》、欧几里得的《几何学原本》,还有维特罗的《光学》,都是用白色猪皮装订而成,很精致。雷蒂克在每本书的扉页上都恭敬地写道:"奉献给享有盛誉的大师尼古拉·哥白尼先生、雷蒂克的导师大人。"这三本书,如今都保存在斯德哥尔摩的一个图书馆里。

哥白尼热情地接待了雷蒂克。雷蒂克最初计划只在弗龙堡待半个月,待了解了哥白尼的理论后就回去。但没有想到,他在弗龙堡一住就是两年多。他成了哥白尼在世最后几年里的知心朋友和学生,为哥白尼学说的公之于世立了大功。

哥白尼的《天体运行论》手稿,在1533年就已大体完成,但他一直下不了决心出版这本巨著。正如他后来在《天体运行论》一书的"序言"里提到的:"在漫长的岁月里,我曾经迟疑不决。"

哥白尼为什么会"迟疑不决"呢?有两个原因:一是学者的谨慎。他建立的是崭新的宇宙体系,为了使自己的理论能经受住实践的检验,他不断地对手稿进行修改,希望尽善尽美。二是离经叛道者的顾虑。他害怕教会对"日心说"这一新理论进行迫害。

雷蒂克带给哥白尼的三本精装图书

早在哥白尼留学意大利的时候,教皇就重新颁布了"圣谕",禁止印行未经教会审查的书籍,可疑的图书一律焚毁。1503年哥白尼回国时,曾目睹宗教裁判所对异端分子的制裁,许多人被活活烧死。在哥白尼的一生里,波兰境内至少发生过300次以上的宗教裁判活动。这些暴行在哥白尼心里投下浓重的阴影。舅舅瓦兹洛德生前反对哥白尼研究“日心说”，就是担心他惹火烧身。

哥白尼的挚友蒂德曼·吉斯，鼓励哥白尼把《天体运行论》公之于世。大约在1533年，哥白尼悄悄告诉蒂德曼·吉斯《天体运行论》已完成初稿。蒂德曼·吉斯立即与在首都的瓦波夫斯基商议，计划先在知识界和教会高层人士中间披露一些地动说的观点。瓦波夫斯基是哥白尼的同学，很热心办理这件事。不久，他把哥白尼根据地动说理论编制的一本历书手稿带到克拉科夫，交给一位奥地利外交官赫伯斯泰恩，委托他在维也纳出版。

瓦波夫斯基在给赫伯斯泰恩的信里写道：

尊敬的赫伯斯泰恩先生：

我现在寄给您一件学者们早就期待的新东西：根据最真实、最准确的行星运行编制的历书，这是根据瓦尔米亚神甫、尊敬的尼古拉·哥白尼博士绘制的图表计算和编写的，同普通的历书差别很大。您会发现水星差了半度，而行星的相对位置同旧历书相比前后差了好几个星期。哥白尼先生是一位非常伟大的数学家。他说，为了验证行星的运动，必须赋予地球以某种运动，许多年来他一直这样认为，并担保说地球正在不知不觉地运动。……因此我希望这个东西得到传播，尤其是要让那些正在德国编撰历书的天文学家们知道，以便他们能够编出一本更精确的历书，并承认自己和自己编制的图表中的错误。我还希望您把这本手抄的历书寄给他们，或者在维也纳出版，以便让全欧洲的天文学家们认识到自己的错误，并加倍认真地研究行星的运动。否则，由于不了解行星运动的真实情况，既不可能正确认识天气的变化，也不可能正确预报行星一年的运行情况。我希望阁下把它交付印刷，然后告诉我一声。我、尼古拉·哥白尼博士和其他许多人，期待着您的回音！

遗憾的是，热心的瓦波夫斯基不久去世，没有人再管这件事。历书印刷的事夭折了。但朋友们想方设法，让哥白尼的天文学观点为更多的人所了解。

一些教会高层人士得知了哥白尼的地动说观点，表现出莫大的兴趣。意大利一位方济各会的红衣主教，特地给哥白尼写了一封信，申明他很希望了解哥白尼的学说。信中写道：

方济各会红衣主教尼古拉·舍恩贝格向尼古拉·哥白尼问好。几年前我就听说了你的名字，关于你的天才整个舆论的看法是一致的，当时我对你产生了较大好感，并向以你为主的人们表示祝贺，你像一朵鲜花一样在我们之中绽开。因为我们知道，你不仅深谙古代数学家的发现，而且建立了一个新的宇宙理论。在这个理论中你教导人们：大地在动，太阳是宇宙的根本，所以占有中心位置，八重天是不动的和永恒的；月亮连同它所在的天层位于火星和金星天层之间，每年绕太阳旋转一周。你还编撰了关于这一天文体系的《浅说》，并为所有被弄错了的星球运动重新编写了图表，这使所有的人赞叹不已。为此，学识渊博的大师，如果你不觉得讨厌的话，我请求你，强烈地祈求你，把你的这个发现给科学爱好者们分享，并尽快地把你有关天体研究材料连同图表及其他各种有关材料邮寄给我。我已经派莱登的特多里克去你那里，由我出钱请他把你的材料抄寄给我，但愿你能满足我的请求，你知道我是崇拜你的人，并渴望为像你这样伟大的天才说句公道话，祝你健康！

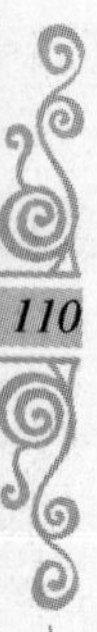

舍恩贝格信中说的这位莱登的特多里克，是哥白尼在瓦尔米亚神甫会的

同事，当时正担任神甫会驻罗马的代表。

对哥白尼来说，这封信是对他的天文学研究的肯定。而对方又是一位教廷的大臣，更具有特殊意义。红衣主教是天主教会内仅次于教皇的高级圣职，俗称教会亲王。能够享有红衣主教教衔的，通常是各大教区大主教上级的都会主教和宗主教，或是梵蒂冈教廷的内阁成员。教皇出缺（逝世或者辞职）时，只有他们才有权选举教皇。因戴红帽、穿红衣之故，被称为红衣主教。

舍恩贝格红衣主教的信使哥白尼感到兴奋，能得到教廷高层人士的支持，对新学说的传播大有好处。但非常可惜的是，这位开明的红衣主教第二年便去世了，哥白尼失去了一个新学说可能的庇护人和捍卫者。

后来，罗马教廷风闻了哥白尼的学说，感到很惊慌。

在边远的弗龙堡神甫会，人们眼里的哥白尼只是一个温和慎言的老神甫；而一旦哥白尼登上天文学的舞台，他的雄狮风采就让那些卫道士们心惊胆战。他们采取种种手段阻挠新学说的传播。教皇听人阐述了"太阳中心学说"的原理后，也大为震惊。他曾经想把哥白尼的手稿控制起来，不过后来没有实施。或许在他的身边，也有人支持哥白尼的学说。

雷蒂克拜哥白尼为师后，仔细研读了《天体运行论》手稿，深知它包含着巨大的科学价值。他再三鼓动老师哥白尼，应该把这部巨著出版。

哥白尼受到鼓舞，同意雷蒂克先写一本小册子，概要地介绍《天体运行论》的内容。1540 年 9 月，雷蒂克写完这本小册子，并以献给自己的老师扬·绍内尔的名义在波兰格但斯克出版。扬·绍内尔是纽伦堡的天文学家和地理学家。小册子的全名很长——《致光荣的大师扬·绍内尔先生，一位年轻的数学爱好者谈托伦人、瓦尔米亚神甫、学识渊博的大师、杰出的数学家尼古拉·哥白尼博士先生有关旋转运动的几卷书，初讲》，简称为《初讲》。这本 70 页的小册子介绍了哥白尼《天体运行论》前 10 章的内容，包含了全书的精华。

雷蒂克在《初讲》的封面上，摘录了一句古希腊格言，喻示哥白尼的学说是

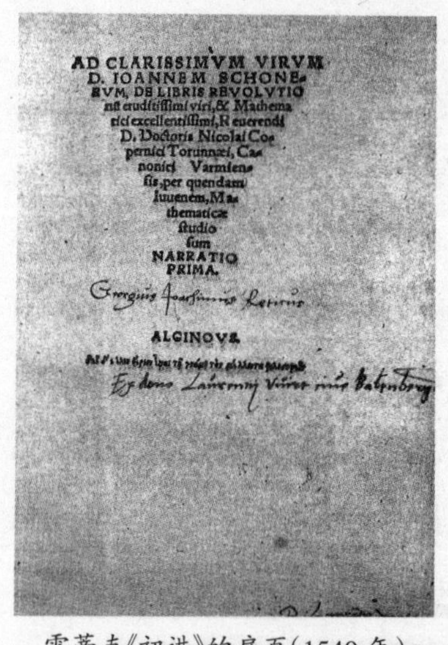
AD CLARISSIMVM VIRVM
D. IOANNEM SCHONE-
RVM, DE LIBRIS REVOLVTIO
nũ eruditissimi viri, & Mathema
tici excellentissimi, Reuerendi
D. Doctoris Nicolai Co-
pernici Torunnaei, Ca-
nonici Varmien-
sis, per quendam
Iuuenem, Ma-
thematicæ
studio
sum
NARRATIO
PRIMA.

ALCINOVS.

雷蒂克《初讲》的扉页(1540 年)

打破精神枷锁的伟大理论。这句格言为:

“谁想研究哲学,谁就应是精神的自由者。”

雷蒂克在《初讲》中指出,哥白尼的伟大理论是对古希腊罗马哲学和科学的继承和发展,是在吸收前人研究成果的基础上,经过几十年如一日的观测研究和论证,创造性地提出的,是他毕生追求真理的结果。

在《初讲》的结尾,雷蒂克写道:

真理必胜!勇敢必胜!让科学永远受到尊重吧!愿每一位大师都在自己的艺术中揭示出一些有益的东西,并且逐步把它展示出来……我的导师在任何时候都不惧怕那些值得珍重的和学者们的评论,相反,他很乐意倾听这种评论。

《初讲》出版后不胫而走,引起了轰动。弗龙堡这个“世界边缘的角落”一时成为欧洲天文学家们关注的焦点。人人都在谈论地球在运动、太阳居于宇宙中心的新学说。

弥留之际

miliuzhiji

1541 年,在蒂德曼·吉兹主教和雷蒂克力劝之下,哥白尼终于下定决心把《天体运行论》付印。为了寻求保护,以免自己的学说被指责为异端邪说,他想了一个办法，把写给保罗三世教皇陛下的献词作为该书的序言。希望在这位教皇的庇护下，《天体运行论》可以平安问世。

哥白尼在“献词”中写道：

神圣的父，我能够想象到，某些人一旦听到我所写的这本关于宇宙中天球运转的书中我赋予地球以某些运动，就会大嚷大叫，宣称我和这种信念都应当立刻被革除掉。但是我对自己的见解还没有迷恋到如此地步，以至于不顾别人对它们有什么想法。我知道，哲学家的思维并不受制于一般人的判断。这是因为他努力为之的是在上帝对人类理智所允许的范围内，寻求一切事物的真谛。我认为应当摆脱完全错误的观念。我早已想到，对于那些因袭许多世纪来的成见，承认地球静居于宇宙中心的人们来说，如果我提出针锋相对的论断，即地球在运动，他们会认为这是疯人呓语。因此我自己踌躇很久，是否应当把我论证地球运动的著作公之于世，还是宁可仿效毕达哥拉斯以及其他一些人的惯例，把哲理奥秘只靠口述给至亲好友，而不著于文字……

可是当我长期犹豫甚至经受不住的时候，我的朋友们使我坚持下来，其中第一位是卡普拉的红衣主教尼古拉·舍恩贝格，他在各门学科中都享有盛名。其次是我挚爱的蒂德曼·吉斯，他是海乌姆诺教区的主教，专心致力于神学以及一切优秀文学作品的研究。在我把此书埋藏在我的论文之中，埋藏了不是九年，而是第四个九年之

哥白尼《天体运行论》手稿（雅盖隆图书馆藏）

后,他反复鼓励我,有时甚至夹带责难,急切敦促我出版这部著作,并让它公之于世。还有别的为数不少的很杰出的学者,也建议我这样做。他们规劝我,不要由于我所感到的担心而谢绝让我的著作为天文学的学生们共同使用。他们说,目前就大多数人看来我的地动说愈是荒谬,将来当最明显的证据使迷雾消散之后,我的著作出版就更会使他们感到钦佩,在这些具有说服力的人们和这个愿望的影响下,我终于同意了朋友们长期以来对我的要求,让他们出版这部著作。

……

哥白尼公布新学说的犹豫,朋友们的鼓励,最后自己下定决心,在这篇献词里都尽情地表现出来。

哥白尼把出版事宜交给雷蒂克负责。9月,雷蒂克带着老师的拉丁文手稿返回德国,积极联系出版。几经周折,纽伦堡一家出版商扬·佩特赖乌斯同意出版《天体运行论》。纽伦堡的出版专业水准很高,这也许是雷蒂克选择在纽伦堡出版的原因。不巧的是,雷蒂克这时应聘到莱比锡大学任教授。他只好把出版的具体事宜委托给哥白尼的一个旧友、路德派新教徒奥塞安德尔教士。

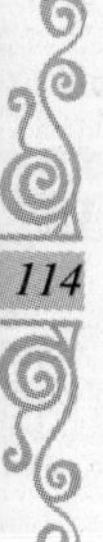

正是这位奥塞安德尔,曾经建议哥白尼把书中阐述的理论说成是未经证明的假设,以避免出版后的麻烦,但哥白尼拒绝了他的建议。然而这一次,奥塞安德尔未经哥白尼同意,擅自做主,假造了一篇没有署名的序言,偷换了哥白尼给保罗三世教皇的献词。

这篇伪序宣称书中的理论只是假设,“并非是真实的,甚至也不一定是可能的”,它不过是“提供一种与观测相符的计算方法”而已,给读者造成了很大的误导,以为哥白尼的《天体运行论》并不是科学理论,而只是一种假设。《天体运行论》出版后几十年内没有引起足够重视,就是这个原因。

也有专家分析说:“奥氏可能出于好意,擅自杜撰了一篇前言,声称书中的理论不一定代表行星在太空中的真实运动，只不过是为编算星历表和预测行星位置而提出的一种人为设计。而哥白尼本人也在序言中宣称把这本书奉献给教皇保罗三世，希望获得他的支持和庇护。由于采取了这些掩护策略，这部巨著终于付印出版。”

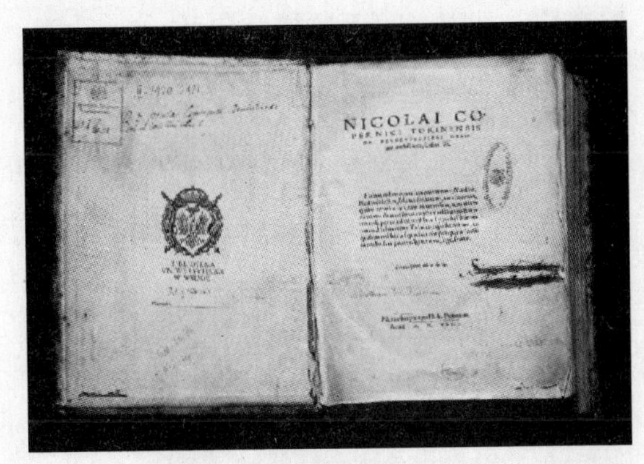

初版《天体运行论》(1542 年)

不过，出版商在《天体运行论》扉页上打出的广告词，倒是颇有吸引力。

扉页的正中位置，印着：“好学的读者们，在这本最新的杰作中，你可以了解到恒星和行星的运动情况，它们是利用古代和最新的观测数据，根据最为新奇而令人赞叹的假设确立的。你还可以获得最便捷的表格，据此轻松地计算出任何时间的行星位置。既然如此，那么赶快行动吧——购买、阅读、受益。”

在《天体运行论》扉页上，还题了一句希腊语格言：“未受过几何教育者不得入内。”据说这是题写在古代雅典柏拉图学院大门上的格言。能读懂这句话的读者，大多数应该已经掌握了几何学。

据说奥塞安德尔对《天体运行论》部分原稿还随意地进行了改动。远在莱比锡的雷蒂克发现问题时，已经来不及了。他要求出版商佩特赖乌斯发行改正版，并删掉奥塞安德尔的序，可惜未能奏效。

尽管如此，《天体运行论》巨著闪耀着的真理光芒还是遮掩不住的。

1542 年深秋，哥白尼因脑溢血导致半身不遂。哥白尼的挚友蒂德曼·吉斯从神甫耶日·唐纳那里得知这个消息，非常关切。他在给耶日·唐纳的回信里写道：“你来信说的尊敬的老人、我们的哥白尼生病的消息使我感到难过。他身体

健康时就喜欢孤独，现在生病了，我想，不会有许多热心人关心他的身体状况，从他的纯洁和学识渊博方面说，我们大家都有愧于他。”

在病痛的折磨中，他翘首期盼着饱经磨难的《天体运行论》的出版。这位饱经风霜的老人，回忆自己一生追求真理的经历，感叹时光的无情。他在雷蒂克赠送的一本书上写下这样几句话：

生命的短促、思想的迟钝、麻木的粗心和徒劳的忙碌使我们无法获得更多的知识。而我们所知道的东西，随着时间的流逝也逐渐忘却了……多么可憎的忘性啊！

哥白尼弥留之际

弗龙堡的冬季特别寒冷。1543年春，70岁的哥白尼病情加重，已经生命垂危，他执拗地和死神搏斗着。直到5月24日，在哥白尼弥留之际，一本印好的《天体运行论》从纽伦堡送到他的病榻前。这时哥白尼的双眼已经失明，他用颤抖的手摩挲着书的封面，脸上露出一抹微笑，然后离开了人世。

哥白尼去世时，耶日·唐纳神甫和一些亲友守在身边。他的挚友蒂德曼·吉斯在克拉科夫参加新国王的婚典，来不及赶来。雷蒂克远在国外考察，只能遥寄哀思。安娜在哥白尼病重时，曾悄悄来到弗龙堡看望哥白尼。哥白尼去世时，她再次来到弗龙堡，向她深爱的人作最后的告别。

耶日·唐纳神甫是哥白尼的遗嘱执行人。哥白尼的藏书大部分赠给弗龙堡神甫会图书馆，医学书赠给了利兹巴克的主教图书馆，其中几本送给了朋友。

一部分钱财留给了外甥女的七个小孩。按照规定和惯例，哥白尼推荐外甥扬·克罗默继承自己的神甫席位。

哥白尼的遗体安葬在弗龙堡大教堂里，但没有任何标记指明具体的埋葬地点。也许这是哥白尼自己的意愿，或者是安葬者为了死者的安宁。据传哥白尼的遗体可能埋在他生前主持过的祭坛下面，但没有人知道哪一个祭坛是他生前主持过的。几百年来，埋葬哥白尼的具体地点一直是个谜。

38 年以后，由瓦尔米亚主教马尔青·克罗默主持，在弗龙堡大教堂的墙壁上镶嵌了一块纪念哥白尼的石碑。

波兰人一直在不断地寻找哥白尼的墓穴，直到 2005 年，在弗龙堡大教堂内寻获一副老者遗骸，经法医实验室面部复原，与现存的哥白尼画像吻合，而对遗骸牙齿和哥白尼留在藏书中的头发进行 DNA 比对完全一致。2010 年 5 月 22 日，在弗龙堡大教堂为哥白尼举行了重新安葬仪式。波兰高层的天主教神甫和主教出席了在弗龙堡大教堂举行的葬礼。哥白尼的墓碑刻的是六颗行星环绕金色太阳的太阳系天体运行图。教会盛赞哥白尼为人类留下了“全心投入、更重要的是科学天赋”的遗产，称这次葬礼显示了科学与信仰的和解。中新网 2010 年 5 月 24 日发表消息，标题为“波兰重葬哥白尼，500 年后天文学家终得墓志铭”。

《天体运行论》带着遍体鳞伤，在人世间流传了 300 多年。

直到 1840 年，《天体运行论》的原稿才在布拉格一家私人图书馆里被发现。二战结束后，这份原稿辗转回到波兰，收藏在哥白尼的母校克拉科夫大学（现名为雅盖隆

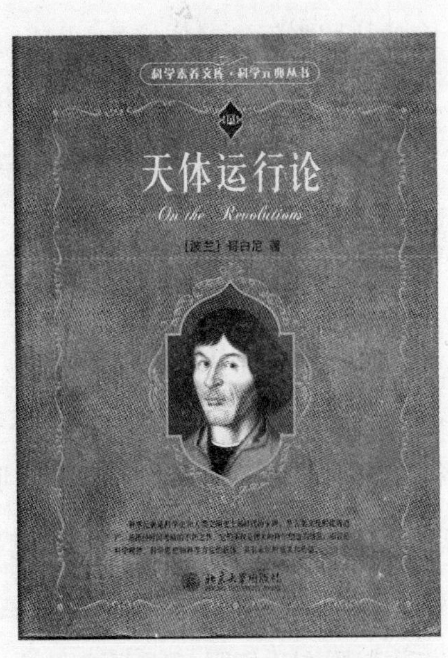

《天体运行论》中文版封面

大学)。1873 年,出版了增补哥白尼原序的《天体运行论》。1953 年,《天体运行论》再次出版时,才全部补足原有的章节。这时哥白尼已经逝世了 410 年。

这部永垂不朽的巨著,正如恩格斯所说,是“自然科学的独立宣言”。因为它的问世,“从此自然科学便开始从神学中解放出来”。哥白尼开创了人类在宇宙观上的根本变革,揭开了近代自然科学革命的序幕。

划时代的巨著

huashidaidejuzhu

《天体运行论》共有 6 卷,总计 131 章,堪称是一部划时代的辉煌巨著。

《天体运行论》第一卷共 14 章,是全书的总论和精髓。

在该卷的卷首有段精彩的引言。哥白尼对天文学高度赞美道:“在人类智慧所哺育的名目繁多的文化和技术领域中,我认为必须用最强烈的感情和极度的热忱来促进对美好的、最值得了解的事物的研究。这就是探索宇宙的神奇运转,星体的运动、大小、距离和出没,以及天界中其他现象成因的学科。简而言之,也就是解释宇宙的全部现象的学科。难道还有什么东西比包括一切美好事物的苍穹更加美丽的吗?”

《天体运行论》第一卷高屋建瓴地介绍了宇宙的结构,对哥白尼日心说的基本观点作了集中的阐述。在第 1 章—第 4 章中,哥白尼依次论述了“宇宙是球形的”、“大地也是球形的”、“大地和水如何构成统一的球体”,以及“天体运动是匀速的、永恒的,并且是按圆形或复合的圆周运动”。

在第 5 章中,哥白尼批驳了权威们普遍认为“地球在宇宙中心静止不动”的观点,他首先正确阐述了相对运动观念,指出:“我们是从地球上看到天界的芭蕾舞剧在我们眼前重复演出的。因此,无论地球做何运动,在我们看来地球外面的一切物体都会有相同的、但是方向相反的运动，似乎它们越过地球而动。”接着，他说明了日月星辰的周日运动，不过是地球自转所引起的视运动。

在第6章中，哥白尼用视差的原理，阐明了“天穹比地球大得无与伦比，可以说是无穷大”。这个“天比地大，无可比拟”的基本观点，在今天看来也是正确的。

第7章列举了“为什么古人认为地球静止居于宇宙中心”的原因。

在第8章中，哥白尼运用大量论据，对传统的地心说进行了系统的、有说服力的批驳。

在第9章中，哥白尼宣称“可以把地球看成一颗行星”。他明确指出：“我们认识到太阳位于宇宙中心。正如人们所说的，只要睁开双眼，行星依次运行的规律以及整个宇宙的和谐，使我们能够阐明这一事实。”

在第10章中，哥白尼排列了“天球的顺序”。他应用几十年观测行星运行的结果，正确地给几大行星重新排列了座次，包括地球绕日运转轨道的顺序。在今天看来，这只是一幅众所周知的图画，但在哥白尼时代却是一幅新颖惊人

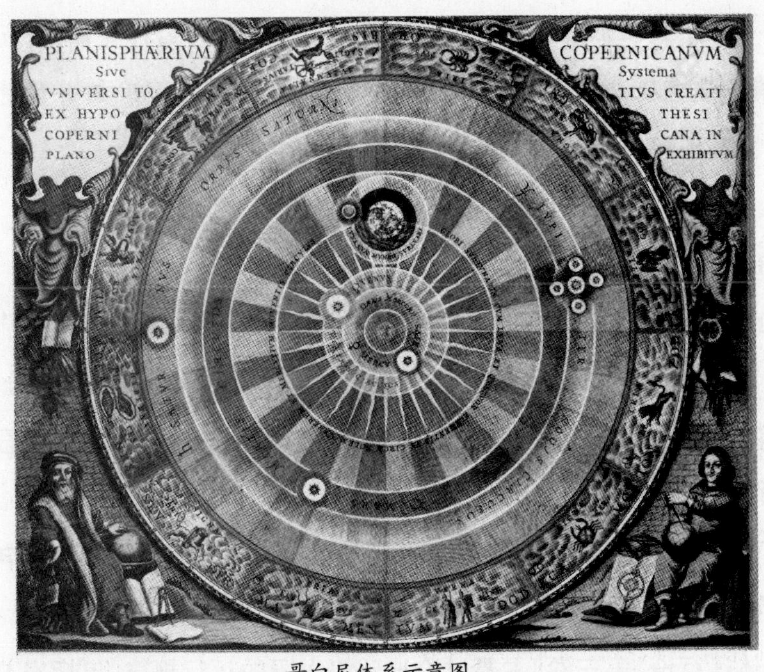

哥白尼体系示意图

的奇景！它标志着人类认识宇宙的一个飞跃。

令人惊叹的是，在书中的插图里，哥白尼精确地标注出各大行星绕太阳公转的周期。如土星绕日运行周期为30年(实际为29年又167天)，木星绕日运行周期为12年(实际为11年又315天)，火星绕日运行周期为2年(实际为1年又322天)，地球绕日运行周期为年(与实际完全一致)，金星绕日运行周期为270天(实际为225天)，水星绕日运行周期为80天(实际为88天)。

哥白尼使用的天文仪器远比现代的观测仪器简陋，但他竟然如此精确地计算出了各个行星绕太阳公转的周期。这简直是个奇迹！

哥白尼安排好了太阳系大家庭的秩序后，用诗一般的语言总结道：

> 静居在宇宙中心处的是太阳。在这个最美丽的殿堂里，它能同时照耀一切。难道还有谁能把这盏明灯放到另一个、更好的位置上吗？有人把太阳称为宇宙之灯和宇宙之心灵，还有人称之为宇宙的主宰……于是，太阳似乎是坐在王位上管辖着绕它运转的行星家族，地球还有一个随从，即月亮。正如亚里士多德在一部关于动物的著作中所说的，月亮同地球有最亲密的血缘关系。

第11章是“地球三重运动的证据”。

第12章—第14章，分别是“圆周的弦长”、“平面三角形的边和角”、“球面三角形”。在原稿中这三章是单独的一卷，刊印时并入第一卷中。这部分内容系统地介绍了相关的数学原理，它既是哥白尼建立日心说理论的重要手段，也是为读者了解后面的内容提供必要的数学工具。

《天体运行论》第二卷，主要论述了地球的三种运动，包括：周日自转、绕日公转和赤纬运动。

《天体运行论》第三卷，主要讨论地球绕太阳的运行规律，包括岁差现象，有大量的计算，并附有恒星表。

第四卷专门论述了月球绕地球的运动，内容丰富，有大量的推导和计算。

第五卷和第六卷，哥白尼讨论了五个行星的运动，包括运行轨道分析、行星位置测定，以及五个行星的行差表和黄纬计算等等。

《天体运行论》于 1543 年在德国纽伦堡用拉丁文首次刊印出版。哥白尼原著手稿书名为《运行》，出版商出版时改名为《论天球运行的六卷集》，后人简称为《天体运行论》。初版采用平版印刷，对开本，共约 400 页，纸张用的是产自荷兰的壶纸，印刷精良。封面用白色猪皮装订，颇为精美。

据美国天文学家、科学史家欧文·金格里奇考证，初版《天体运行论》大约印了 500 本，流传甚广。它就像原野上的星星之火，骤然燃起熊熊火焰，照亮了人类知识疆域的遥远边缘。后世的大天文学家第谷、开普勒、布鲁诺、伽利略等人，都从中获取过灵感和巨大的力量。初版《天体运行论》现存 270 多本，珍藏在世界各地的图书馆、学术机构或私人藏品中。中国国家图书馆有幸藏有两本珍贵的《天体运行论》，其中一本是初版，另一本为第二版。

《天体运行论》第二版，于 1566 年在瑞士巴塞尔出版。

1617 年，《天体运行论》第三版在荷兰阿姆斯特丹出版。

1873 年在哥白尼诞辰 400 周年之际，在他的故乡托伦出版了《天体运行论》第四版。如前所述，哥白尼最初的手稿几经辗转，最后流落到布拉格的一家图书馆里，到 1953 年归还给波兰。1953 年，《天体运行论》再次出版时才补齐了原著的所有内容。

1973 年，为纪念哥白尼诞辰 500 周年，波兰科学院用拉丁文、波兰文、英文、俄文、法文和德文出版了《天体运行论》。

这部不朽名著掀起了一场伟大的科学革命。

KEXUE JUREN DE GUSHI

哥白尼学说的胜利

最初的寂静

zuichudejijing

《天体运行论》出版后，起初并没有引起罗马教廷的注意。这也许是奥塞安德尔那篇伪序起了“掩饰”作用。读者被这篇序言蒙蔽了，大都以为书里的观点是一种假设，好处只是能提供编算行星表的便捷方法而已。

还有一个原因，《天体运行论》是用拉丁文写的，而且学术性很强。除了精通天文学的人士之外，一般人看不懂，这也限制了它的影响力。搞天文学的专业人士，又大都把它当做编算行星表的新方法和参考书。

这是一个矛盾的事实：天文学家们纷纷采用哥白尼编制的天文图表和所作的计算，却不承认他的“日心说”理论。他们只欣赏做工精美的盒子，对盒子里藏的珍宝却视而不见！奥塞安德尔的目的达到了。

《天体运行论》的销路不错，又没有风险，出版商赚了大钱。

在大约 70 年的时间里，《天体运行论》都平安无事。

到了 16 世纪下半叶，当布鲁诺开始传播哥白尼理论时，日心说的影响日益增大。教会觉察到这是个非常危险的理论，他们才惊慌起来。

第谷和开普勒的贡献

diguhekaipuledegongxian

1572 年深秋的一天，天空中一颗暗星忽然大放光明，它的亮度甚至超过了金星、木星和织女星这些亮星。这成为科学史上的一件大事。这颗星被称为“超新星”，据说是有记录以来最明亮的新星，即使在白天也可以看到。

就在11月11日黄昏，年轻的丹麦天文学家第谷走出实验室时，抬头看见了这颗亮星。第谷经过前后一年多的详细观察和记载，取得了惊人的结果。他对比了远在英国的天文学家的观察记录，通过视差测量，确认了这是一颗距离遥远的恒星。这颗星突然爆发闪亮说明星座一成不变的说法是错误的。这彻底动摇了亚里士多德“天体不变”的观念，给哥白尼的学说提供了重要支持。第谷在《关于新星球》一书中公布了这一结果，他因此一举成名。

丹麦国王腓特烈二世很赏识第谷，1576年资助他在汶岛上建立了一所宏大的天文台，称为天文堡。第谷在那里进行了20多年的天文观测。他的观测结果一般误差不超过0.5角分，最多为2角分，比哥白尼的观察准确了20倍，几乎达到望远镜出现前的肉眼观测极限。人们称他是“最后一位也是最伟大的一位用肉眼观测的天文学家”。1584年，第谷曾派学生到弗龙堡考察，带回一具三角仪，还有一幅哥白尼的遗像。当第谷看到这个仪器时大为惊诧，哥白尼竟是用这么简陋的仪器来考察“天体的奥妙”。他恭恭敬敬地把哥白尼遗像供在上位，并在哥白尼遗像下题词道：“力大无比的巨人能够搬过一座山来加到另一座山上，可是雷的劈击却能把巨人制服——比起所有这些巨人，哥白尼不知要坚强多少，伟大多少，幸福多少。他把整个地球连同所有的山岳举起来迎向群星，雷的劈击却不能把他制服。”但是这个丹麦人到头来并没有接受哥白尼的学说，只是崇拜哥白尼而已。

第谷对哥白尼很崇拜，但并没有接受哥白尼的学说。他曾称赞哥白尼的天文体系是个美丽的几何结构，却不相信“像地球这样既大且笨的东西会有什么运动”。1588年，第谷在一本讨论彗星的书中，提出一种介乎托勒密地心说和哥白尼日心说之间的宇宙体系——第谷体系。他认为地球静止于宇宙中心，五大行星绕太阳运行，而太阳带着它们绕地球运行。不过这个体系在欧洲没有流行。中国天文学家李珩说：“虽然第谷并不相信哥白尼的理论，可是他对于这个理论的胜利却提供了重要文献。”

第　谷

正是第谷的助手、接班人开普勒，在第谷毕生积累的大量观测记录基础上，发现了行星三大运行定律，对推动哥白尼学说作出了重大贡献。

开普勒出生于德国南部的维尔城，比伽利略小7岁。他从小智力过人，18岁考入杜宾根大学，师从著名的天文学教授马斯特林。马斯特林是哥白尼学说的推崇者，开普勒也深受其影响，成为哥白尼宇宙体系的热烈拥护者。大学毕业后，开普勒移居奥地利，在一所普通中学担任数学和天文学讲师，开始从事天文学研究。

开普勒

1597年，26岁的开普勒发表了《神秘的宇宙》一书。在书中他设计了一个由许多规则的几何形体组成的宇宙模型，试图解释太阳系行星的运行轨道。第二年，奥地利发生了严重的宗教斗争，天主教徒扬言要把异教徒赶尽杀绝。身为新教徒的开普勒被迫逃亡到匈牙利。在避难期间，开普勒遇到了刚来布拉格不久的著名天文学家第谷。当时，第谷受匈牙利国王重金所聘，于1599年来到布拉格，担任宫廷天文学家。第谷读了开普勒的《神秘的宇宙》，很赏识开普勒的才华，特地邀请他来一起工作，协助自己整理观测资料和编制新星表。开普勒欣然接受邀请，于1600年来到布拉格给第谷当助手。这个机遇从此改变了开普勒的一生。

第谷不幸于第二年去世。他给开普勒留下了毕生积累的大量观测记录，这可以说是人类史上最丰厚的一笔遗产。

开普勒在分析第谷留下的观测资料时，发觉自己的几何体"宇宙模型"完全没有用。他还发现，不论是哥白尼体系，还是托勒密体系，都与第谷周密精确

的观测记录不符。第谷记录的是天体的实际轨道。开普勒意识到这当中另有缘故，于是他决定追寻下去，探索其中的奥秘。

开普勒选择了两条路径：一是如何从大量观测资料中分析出行星运行轨道的形状；二是这些行星遵循怎样的运行规律。

开普勒根据第谷留下的大量观测资料，进行整理分析和艰巨浩繁的计算，从中寻找规律，最后终于找到一个比较符合第谷数据的方案。他发现行星轨道不是哥白尼所说的正圆，也不是匀速圆周运动。1609 年，开普勒在《新天文学》一书和《论火星运动》一文中，公布了两条定律，这就是开普勒第一定律和开普勒第二定律。开普勒第一定律又称轨道定律，即行星沿椭圆轨道运动，太阳在椭圆的一个焦点上。开普勒第二定律又称面积定律，即在相同的时间里，太阳和运动着的行星之间的连线扫过的面积相等。

开普勒并未满足已取得的成绩，他继续研究，又发现了著名的开普勒第三定律，即行星公转周期的平方与它同太阳距离的立方成正比。不仅行星遵循着这个规律，绕行星运转的卫星和太阳周围的其他天体，也毫不例外地遵循这个规律。

开普勒的成就使哥白尼理论大为改观，从而为后来牛顿发现万有引力定律开辟了道路。

殉道者布鲁诺

xundaozhebulunuo

在哥白尼去世后五年，一个名叫布鲁诺的婴儿在意大利诞生。日后他勇敢地捍卫和发展了哥白尼的“日心说”，并把它传遍欧洲。他被世人誉为反教会、反经院哲学的无畏战士，是捍卫真理的殉道者。

布鲁诺出生于意大利那不勒斯附近的小镇诺拉，家境贫寒，幼年丧失父母，由神甫养育长大。10岁时布鲁诺被送进修道院，教名为乔尔达诺，学习亚里士多德学派哲学和托马斯的神学。15岁时成为多米尼克修道院的修士，24岁时被任命为神甫。在修道院学习期间，布鲁诺经过刻苦自学，成为一位博学家和勇敢的叛逆者。他读了哥白尼的《天体运行论》，成了哥白尼学说的信奉者，开始怀疑基督教义。他离经叛道的言行，最终激怒了教会，被指控为异教徒，并被革除教籍。

布鲁诺

1576年，为躲避宗教裁判所的迫害，28岁的布鲁诺逃出修道院，流亡国外。多年漂泊在瑞士、法国、英国、德国和捷克等国家，在日内瓦、巴黎、伦敦、维登堡和其他许多城市都居住过。尽管如此，布鲁诺仍然始终不渝地宣传哥白尼的学说，同经院哲学家展开激烈的论战。布鲁诺口才犀利，言论惊世骇俗，凡是他所到之处，都会掀起一场“哥白尼旋风”。无论是路德派新教，还是老派旧教，都把他当做敌人。在日内瓦，因反对教会他遭到逮捕和监禁。在巴黎，因继续宣传“日心说”，遭到法国教会的围攻。在伦敦，他在牛津大学的辩论会上发表演说，痛批被教会奉为神圣不可侵犯的托勒密“地心说”，被解除教授资格。

可以说，布鲁诺宣传哥白尼学说不遗余力。正如我国天文学家李珩所说：“哥白尼的理论得以传播于欧洲大陆，当归功于布鲁诺。”

布鲁诺还进一步发展了哥白尼的学说，指出宇宙无论在空间和时间上都是无限的。地球不是宇宙的中心，而是环绕太阳运转的一颗行星；太阳也不是宇宙的中心，只是太阳系的中心。他在著作《论无限宇宙和世界》中写道：“空间是无限的，太阳不过是一颗恒星，恒星都是太阳，每一颗星各有其行星系，它们都像生物那样自由地活动。所以无限大的太阳系像连环图案那样，作无穷尽的

鲜花广场上的布鲁诺雕塑

重复。”

布鲁诺的革命性观点，引起了罗马教廷的极大恐惧。1592年5月，他们以邀请讲学为名诱骗布鲁诺回国，立即将他逮捕入狱。

在长达8年的审判和折磨下，布鲁诺拒不“认罪”，最后宗教裁判所判他火刑。布鲁诺以大无畏的精神宣告说：“高加索的冰川，也不会冷却我心头的火焰，即使像塞尔维特那样被烧死，我也绝不反悔！”

1600年2月17日，52岁的布鲁诺被活活烧死在罗马的鲜花广场上。临刑时他高声喊道：“你们向我宣布判决，比我听到判决时更为恐惧！”

据说在行刑前，刽子手举着火把问布鲁诺：

“你的末日已经来临，还有什么要说的吗？”

布鲁诺平静地说：“黑暗即将过去，黎明即将来临，真理终将战胜邪恶！火，不能征服我，未来的世界会了解我，会知道我的价值。”

布鲁诺死后，罗马教廷害怕人们抢走这位伟大思想家的骨灰来纪念他，匆匆忙忙把他的骨灰连同泥土一起抛撒在台伯河中。1889年6月9日，在布鲁诺殉难的鲜花广场上，人们为他树立了一尊铜像，永远纪念他的勇气和功绩。

布鲁诺以生命捍卫并发展了哥白尼的“日心说”，并使人类对天体、对宇宙有了新的认识。

伽利略的发现

jialil ü edefaxian

布鲁诺被烧死9年之后，意大利天文学家伽利略用望远镜对天体进行观测，他惊喜地发现了月亮表面有山脉，木星有4颗卫星，太阳有黑子，金星有盈亏等现象，为人类揭开了宇宙的神秘面纱。

伽利略是第一个用望远镜观测天体的人，获得了一系列惊人的发现，他因此被人们誉为"天空的哥伦布"。伽利略毕生为宣传哥白尼的学说而奋斗，屡遭罗马教廷的残酷迫害。但他追求真理，始终不渝，堪称一位伟大的科学斗士。

1564年，伽利略出生在意大利比萨一个没落的贵族之家，父亲是一个富有才华、思想开放的绅士。伽利略从小勤学好问，有强烈的求知欲。17岁进入比萨大学，先是遵从父命学医，后改学数学。伽利略从青年时代就表现出反叛精神，对事物有自己的独立见解，不盲目迷信权威。他19岁时发现摆的定律，崭露头角。22岁写了《小天平》一书，被人们称为"当代的阿基米得"。25岁时被聘为比萨大学数学教授。相传1590年他在比萨斜塔上进行了著名的落体实验，成为科学史上的一段佳话。伽利略28岁时被帕多瓦大学聘为数学教授。他在帕多瓦工作了18年，这是他一生的黄金时代，他的许多重大科学成就，都是在帕多瓦完成的。

1609年伽利略利用改进的望远镜，开始了对天体的观测。他发现了月亮表面有凸凹不平的山脉，木星有4颗卫星，银河是由无数星星组成的星系，太阳有黑子，金星有盈亏等，为人类揭开了宇宙的神秘面纱。

按照想象，金星应该是一个明亮的圆轮。但是伽利略在望远镜中看见的金星，竟是一道弯弯的蛾眉，就像一轮新月。伽利略连续观察了好些天，发现金星的形状在发生变化，存在盈亏现象。这一发现使伽利略非常振奋。月亮也有盈亏，但不同的是，月亮在盈亏变化时，直径始终是一样的。而金星盈亏时，直径却随之变化。此外，月亮的盈亏周期只有一个月，而金星的盈亏周期要长得多。如果真像托勒密“地心说”说的那样，金星是围绕着地球旋转的，那么金星的盈亏也应该和月亮一样，不会出现直径的变化，但事实恰恰相反。

所以只有一个解释：金星不是绕着地球转的，而是绕着太阳在转！

哥白尼在《天体运行论》中曾预言过：如果我们的眼睛能看得更远更清楚，就可以看见金星像月亮一样出现盈亏现象。

伽利略用他的望远镜，为哥白尼的学说找到了最有力的证据。哥白尼 60 年前的预言终于得到了证实：太阳系的中心不是地球，而是太阳！地球和其他行星都绕着太阳运行。

1610 年，伽利略在《星际使者》一书中公布了这些发现，引起了世界轰动。根据天文观测的结果，伽利略确信哥白尼的“日心说”是正确的，他积极宣传哥白尼的学说。1615 年他因此受到教会的警告：必须放弃哥白尼的学说，无论演说还是写书，都不准说哥白尼学说是真理。

1616 年春天，在教皇保罗五世的操纵下，罗马教廷针对哥白尼学说做了一个判决。宗教裁判所的红衣主教团把哥白尼体系的论点，归纳为两个命题：

1. 太阳是世界的中心，因此其位置是固定不变的；

2. 地球不是世界的中心，也不是静止的，而是整个都在运动，并且是终日自转的。

同年 2 月 23 日，由 10 位罗马教廷的神甫组成评审团，对这两个命题作出裁决：第一个命题因直接与《圣经》相抵触，是“正式的异端邪说”，而且在哲学上也是“愚蠢可笑的”；第二个命题在哲学上也同样是欺世盗名的，而且“在信仰上是错误的”。2 月 26 日，贝拉明主教代表教皇，向伽利略转告了宗教评审团的裁决，警告他不得再坚持被否决的两个命题，也不得为其辩护，否则，伽利

伽利略

略将受到宗教裁判所的惩罚。

3月5日，罗马教廷红衣主教书刊检查委员会发布公告，宣布将哥白尼的著作列入《教廷禁书目录》，正式列为禁书。这就是有名的“1616年敕令”。

但是伽利略并没有放弃捍卫真理的信念。1632年他的新书《关于托勒密和哥白尼两大世界体系的对话》出版，像野火一样传播开来，引起教会的莫大恐慌。教皇盛怒之下，下令把他押解到罗马受审。

1633年6月22日，白发苍苍的伽利略被押上宗教法庭，接受审批。这位风烛残年的老人被迫跪下，在忏悔书上签字。他当着主教面承认：“我从此不再以任何方式，去支持、维护或宣传地动的邪说……”

但是当他站起来时嘴里却喃喃地自言自语：“可是，地球仍然在转动呀！”

一位哲学家说，说这话的不是伽利略，而是整个世界。

布鲁诺是英雄，伽利略也是英雄。贝尔纳称颂他们“真正算得上是人类的救星。他们是人类主宰宇宙的宣传者，自由的捍卫者，必然的胜利者和征服者”。

最后的胜利

zuihoudeshengli

接过哥白尼火炬的除了布鲁诺、开普勒、伽利略等科学巨人，还有伟大的牛顿。他们的信念和贡献，使哥白尼的学说不断获得传播和发展。地球绕太阳转动的学说得到了令人信服的证明。

牛 顿

在伽利略逝世的这一年圣诞节，牛顿诞生在英格兰林肯郡的伍尔斯索普庄园。

伽利略未竟的事业，后来由牛顿继承和发扬光大了。

牛顿不愧是伟大的天才。他22岁建立二项式定理，23岁创立微积分，24岁发现太阳的光谱，25岁发现万有引力定理……牛顿的科学巨著《自然哲学的数学原理》，系统地总结了三大基本运动定律和万有引力定律，把地球的运动规律和天体的运动规律纳入一个统一的理论中，创立了影响世界长达300多年的牛顿经典力学体系。自然的规律和人类的大部分生产活动，都受牛顿三大定律的支配。它对近代文明的进步起到了不可估量的作用。

还有一件天文学上辉煌的大事件，精彩地证明了牛顿万有引力定律的正确，这就是1846年海王星的发现。

在牛顿时代，天文学家发现的太阳系行星只有6颗：水星、金星、地球、火星、木星和土星。1781年德国人赫歇尔发现了第7颗行星，这就是比土星更远的蓝色天王星。在随后的年代里，天文学家奇怪地发现，天王星轨迹的观测结果同理论计算总有误差。天王星的这种“越轨行为”，使从哥白尼到牛顿建立起来的天体力学面临着严峻的考验。

如果哥白尼和牛顿的学说解释不了天王星的运动，牛顿的万有引力定律怎么会是宇宙间的普遍规律呢？

1845年—1846年间，英国的亚当斯和法国的勒威烈两个年轻人，几乎在同时各自独立地计算出，在天王星位置的附近应该有另外一颗行星存在，正是它的引力作用使天王星“偏离”了轨道。

1846年9月23日晚，天文学家加勒在柏林天文台上，把望远镜瞄准勒威烈预测的位置，奇迹般地发现了要寻找的那颗行星！它与勒威烈预测的位置只差8分的地方。也许因为它呈现出朦胧的蓝色，这颗新行星被命名为海王星。

整个世界都轰动了。哥白尼学说取得了最后的胜利。

哥白尼的学说不仅改变了那个时代人类对宇宙的认识，而且从根本上动摇了欧洲中世纪宗教神学的理论基础。如同恩格斯在《自然辩证法》里指出的："从此自然科学便开始从神学中解放出来"，"科学的发展从此便大踏步前进"。

1757年，牛顿的万有引力学说已得到公认，"日心说"成了天经地义的事，罗马教廷才解除了对《天体运行论》的禁令。1822年，教皇被迫承认"日心说"。

科学终于战胜了神权。

德国大诗人歌德说得好："哥白尼学说撼动人类意识之深，自古以来无一种创见、无一种发明可与伦比。当地球是球形被哥伦布证实以后不久，地球为宇宙主宰的尊号亦被剥夺了。自古以来没有那种意识被翻天覆地地颠倒过。因为如果地球不是宇宙的中心，那么无数古人相信的事物将成为一场空了。谁还相信伊甸的乐园、赞美诗的歌颂、宗教的故事呢？"

附:

哥白尼生平简历

1473 年　2 月 19 日,出生于波兰维斯瓦河下游的托伦城。父亲尼古拉·哥白尼是位能干的商人,热心公益事业,曾被选为托伦议会的议员。母亲巴尔巴拉·瓦兹洛德是托伦城的名门闺秀。

哥白尼有兄妹四个,哥白尼最小,上有哥哥安杰伊、姐姐巴尔巴拉和卡塔日娜。

1478 年　父母为安杰伊和哥白尼聘请了家庭教师，兄弟俩开始接受启蒙教育。

1480 年　7 岁的哥白尼进入托伦学校读书。

1483 年　哥白尼 10 岁时,父亲被瘟疫夺去了生命,不久母亲也离开了人世。四个孩子由海乌姆诺的姨妈卡塔日娜照料。哥白尼和安杰伊在海乌姆诺学校就读。

1486 年　舅舅乌卡什·瓦兹洛德从罗马回到波兰，把哥白尼两兄弟接到利兹巴克城堡,承担起抚养、教育他们的重任。

哥白尼学会了用拉丁文读书写字,并掌握了初级数学知识。

1489 年　瓦兹洛德当选为瓦尔米亚主教区主教，哥白尼结识了舅舅的朋友、意大利著名人文主义者、革命诗人卡里马赫。

1491 年　秋天,和安杰伊一道进入首都克拉科夫大学,学习天文学、哲学、占星术、几何学和地理学等课程。

成为著名数学和天文学教授沃伊切赫的得意弟子,对天文学产生了浓厚的兴趣。

1493 年　和沃伊切赫教授一起使用捕星器、三弧仪等仪器,观测过两次月食和一次日食。

对托勒密学说产生了怀疑，在心中悄悄点燃了建立新宇宙学说的雄心壮志。

1494 年　深秋，被舅舅从克拉科夫召回，参加了与条顿骑士团的谈判。

决定提前结束学业，在离开克拉科夫大学前，沃伊切赫教授和卡里马赫一起对哥白尼进行了天文学“毕业答辩”。

1495 年　春天，结束了克拉科夫大学的学业，回到利兹巴克，暂时给主教做助手。

8 月，被列入弗龙堡神甫会候补名单。

1496 年　夏末，哥白尼以候补神甫的身份赴意大利博洛尼亚留学。

途经德国纽伦堡市，拜访了著名天文学家瓦特尔。

秋天，进入博洛尼亚大学法律学院，学习教会法。结识了著名天文学家达·诺瓦拉教授。

参加了学生组织“德国同乡会”。

1497 年　成为弗龙堡神甫会的正式神甫。

3 月 9 日，和达·诺瓦拉观测月球遮掩金牛座 α 主星的现象，这就是著名的“毕宿五掩星”。

成为达·诺瓦拉的学生、朋友和助手，两人经常一起讨论如何简化托勒密的宇宙体系。

在诺瓦拉教授的指导下，研读了大量没有译成拉丁文的古希腊哲学原著和天文学典籍，为“日心说”寻求参考资料。

1500 年　复活节前夕，哥白尼和哥哥安杰伊以瓦尔米亚神甫会代表的身份，到罗马参加罗马教廷的百年盛典。

在罗马大学举行了天文学和数学的公开讲座。

11 月 6 日，在罗马近郊进行了一次月食观测。

1501 年　7 月，哥白尼和安杰伊回到波兰。

哥白尼宣誓加入弗龙堡神甫会。经神甫会讨论同意，哥白尼和安杰伊继续到意大利求学。

秋天，哥白尼转到帕多瓦大学攻读医学，安杰伊则去了罗马大学。

1503 年　在帕多瓦大学获得了医生执业资格。

5 月，在费拉拉大学被授予教会法学博士。

去佛罗伦萨，拜访了达·芬奇。

秋天，学成归国。瓦兹洛德主教把哥白尼留在身边，担任主教的保健医生、秘书和助手。

1504 年　1 月，和瓦兹洛德主教、扬·斯库尔泰蒂神甫，参加了在马尔堡举行的普鲁士各界代表会议。

2 月—3 月，在托伦参加迎接国王亚历山大·雅盖洛齐克和王后到来的筹备工作。

4 月—5 月，随国王一起巡察了瓦尔米亚地区。

1506 年　8 月—9 月，筹备参加了在马尔堡举行的普鲁士各界代表大会，代表主教会见各地代表，商讨普鲁士的一系列事务。

1507 年　4 月，开始撰写天文学论文《浅说关于天体运动的假设》(简称《浅说》)。这是哥白尼"日心说"的一个提纲。

1509 年　将拜占庭作家泰奥菲拉克特·西莫卡塔的名著《道德、田园与爱情信札》翻译成拉丁文出版。

1510 年　从利兹巴克主教官邸搬到弗龙堡神甫会，改弗龙堡教堂中的塔楼为天文观测台，并配备了相应的观测仪器，从此开始了 30 多年的天文观测活动。

11 月，被推选为弗龙堡神甫会行政主管。

11 月 8 日，担任神甫会视察员。

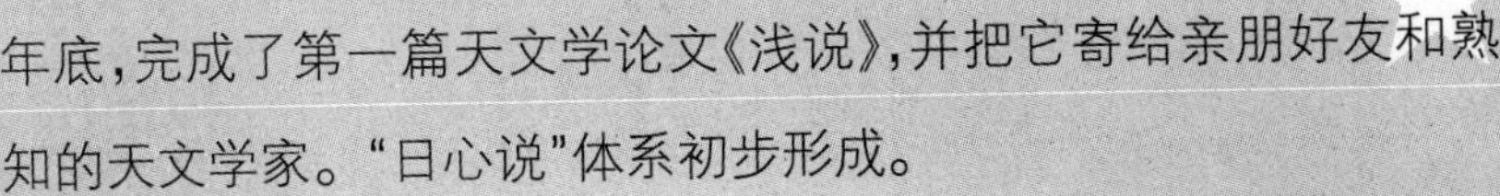

年底，完成了第一篇天文学论文《浅说》，并把它寄给亲朋好友和熟知的天文学家。"日心说"体系初步形成。

1512年 2月，前往克拉科夫参加国王齐格蒙特·斯塔雷的结婚大典，并和年轻的人文主义者、诗人扬·丹蒂谢克相识。

3月29日，瓦兹洛德主教去世。

4月2日，参加瓦兹洛德的葬礼。

4月，神甫会选举法比安·卢兹扬斯基任主教，最终得到国王、教皇的同意。

1513年 应邀前往意大利参与教皇主持的历法改革，没有成行，但哥白尼把自己提出的历法改革方案寄到了罗马。

1515年 根据多年观测得出的大量精确完整的天文资料，在《浅说》的基础上，开始撰写巨著《天体运行论》。

1516年 11月，推选为财产管理人，负责掌管神甫会的两大庄园奥尔什丁和皮耶宁日诺，地产遍布119个村庄。

1516年-1519年 担任两个庄园地区的最高领导人，采取种种措施使两个庄园地区的生产颇有起色。在奥尔什丁堡还修建了简陋的天文观测台，工作之余进行了大量的天文观测，并做了详细记录。

1517年 8月，用拉丁文写出关于货币论文《深思熟虑》的提纲。

1519年 将《深思熟虑》修改后译成德文，更名为《造币方法》。

撰写论文《论货币的信誉》，提出了"劣币驱逐良币定律"，被赞誉为"普鲁士最杰出的货币事务专家"。

11月，完成了三年管理庄园地区财产的任务，因工作出色，又被推选为神甫会行政主管。

年底，波兰和条顿骑士团间的战争爆发。

1521年 1月，面对条顿骑士团对弗龙堡的进攻，哥白尼率领士兵和留守人员，打退了敌人一次又一次的进攻，被誉为战斗英雄。

4 月 5 日，交战双方达成托伦停火协议。

1522 年 年初，法比安主教去世，神甫会推选哥白尼担任瓦尔米亚主教区行政总管。

3 月，和蒂德曼·吉斯作为代表，参加了在格鲁琼兹举行的普鲁士各界代表大会，会上哥白尼宣读了自己的论文《论货币的信誉》，主张实施改革，统一货币制度。

1523 年 12 月，费贝尔被当选为瓦尔米亚主教，哥白尼再次被推选为神甫会行政主管。

1526 年 9 月，参加在利兹巴克召开的普鲁士贵族代表大会，会上通过了制止宗教改革的决定。

1528 年 5 月，参加普鲁士贵族代表大会，并被选为代表大会专门工作委员会成员，讨论了淘汰伪劣货币的问题。

7 月，参加了在托伦举行的普鲁士贵族代表大会，宣读并介绍了潜心研究的最新货币理论和制定的货币改革方案。

1529 年 2 月，参加在埃尔布隆格举行的普鲁士贵族代表大会，参与讨论了把旧币撤出市场的时间和方式等问题。

1531 年 2 月，安娜被接到弗龙堡，担任哥白尼的管家，与哥白尼开始了 6 年的共同生活。

1537 年 完成了《天体运行论》初稿。

7 月，费贝尔主教去世，哥白尼被提名为四名主教候选人之一，扬·丹蒂谢克被选为主教。

新任主教强迫哥白尼与安娜分离，并下令驱逐安娜。

1539 年 5 月，25 岁的德国威丁堡大学的天文学教授雷蒂克来到弗龙堡，拜哥白尼为师。

7月，接受蒂德曼·吉斯的邀请，和雷蒂克到海乌姆诺主教驻地做客。三人一起讨论《天体运行论》的修改出版。

1540年 雷蒂克写成并出版了介绍“日心说”的《初讲》。

哥白尼在雷蒂克的协助下，对手稿进行了最后一次的修改并定稿，决定把它公之于世。

1541年 新教首领对“日心说”展开疯狂攻击。

秋天，雷蒂克离开弗龙堡，回到德国，开始联系哥白尼天文学著作的出版事宜。

1542年 雷蒂克把《天体运行论》出版事宜委托给新教教徒奥塞安德尔。

6月，哥白尼为寻求保护，以免自己的学说被指责为异端邪说，写出给教皇的“献词”寄到纽伦堡印刷厂，作为《天体运行论》的序言出版，但被奥塞安德尔写的伪序所代替。

1543年 5月，《天体运行论》印制完毕，公开发行。

5月24日，哥白尼死于脑溢血，安葬在弗龙堡教堂内。

图书在版编目（CIP）数据

哥白尼 / 松鹰著. -- 太原：希望出版社，2012.6
（科学巨人的故事）
ISBN 978-7-5379-5766-3

Ⅰ.①哥… Ⅱ.①松… Ⅲ.①哥白尼，N.（1473~1543）-生平事迹-青年读物②哥白尼，N.（1473~1543）-生平事迹-少年读物 Ⅳ.①K835.136.14-49

中国版本图书馆 CIP 数据核字（2012）第 092316 号

科学巨人的故事
哥白尼
松 鹰 著

责任编辑	谢琛香
美术编辑	白 翎
复 审	武志娟
终 审	杨建云
装帧设计	柏学玲
责任印制	刘一新

出 版：山西出版传媒集团·希望出版社
地 址：太原市建设南路 21 号
开 本：720 × 1000 1/16
印 刷：太原市海泉印刷有限公司
印 张：9.25 185 千字
版 次：2012 年 8 月第 1 版
印 数：1–10000 册
印 次：2012 年 8 月第 1 次印刷
标准书号：ISBN 978-7-5379-5766-3
定 价：18.50 元

编辑热线 0351-4922124
发行热线 0351-4123120 4156603

联系电话：0351-6071889